Idea man

Idea man

1分鐘讓人敞開心房，100%博得好感的聆聽對話術

人は聞き方が9割

人才培育JAPAN株式會社董事長
永松茂久——著
韓宛庭 譯

經常被說：「喂，你有沒有在聽啊？」

句點王。

口才不好，詞不達意。

常常不小心搶話、狂聊自己的事。

和陌生人見面總是很緊張。

不擅長自己開話題。

和人聊完天總是好累。

想讓溝通變得更輕鬆。

想要內建「聆聽力」。

本書獻給擁有以上煩惱的所有人。

前言

不擅長說話也沒關係

「旁邊有人我就會渾身不自在，急急忙忙想找話題……」
「我常一不留神就聊起自己的事，事後相當後悔……」
「我又沒有好好把想說的話說清楚了……」

許多人都有上述人際對話上的煩惱。

家庭、工作、結識新朋友、社交群組……我們活在各式各樣的人際關係之中。

大部分的人際關係，都要靠對話來建立。

因此，締結良好人際關係的關鍵，就從一個良好的對話開始。

遺憾的是，多數人都誤會了一件事，以為：「想要擁有良好的人際關係，只能勤練口才。」

在人際溝通上，這其實是錯誤觀念。

對話必須有「發話者」與「聆聽者」才能成立。

但是，**許多人都只注意到「說話」，遺漏了「聆聽」的重要性。**

如今，說話課與說話術的相關書籍已多到滿坑滿谷。

相較之下，聆聽課與聆聽術的相關書籍越來越少。

事實上，聆聽才是一段對話裡，最重要也最有用的技術。

想要藉由說話贏得人心，需要高度的觀察力與技巧，還需具備表達能力和語彙力。

正因為說話是一門相當困難的技巧，有不少人在學習的路上跌倒。

接下來，我會具體教你何謂「聆聽」，但在開始本書之前，希望你先記住一件事。

那就是，**「人本來就是一種有說話需求的動物」**。

人類真正要的不是「很會說話的人」，而是「能讓我說話的人」。

因此，想要增進對話技巧，要做的事情其實很簡單，就是**「減少痛苦的說話方式，少跟不擅長應付的人說話，把時間多多用來聆聽重要的人說話」**。

就這麼簡單。

善於對話的人深諳此道，所以不會強迫自己去做困難的事情。藉由仔細聆聽，我們便能了解這個人，並針對他的需求做出回應。

老實說，不擅長說話也沒關係。

這不是需要解決的問題，你不用勉強自己說話，但可以做到靜靜陪伴。

只要被了解，人就能得到救贖。

此外，也會對願意了解自己的人產生好感。

去當一個稀有的傾聽者吧！這就是我寫下此書的目的。

詳細請見內文（第一章05），在此先分享幾個聆聽的好處。

①不需要太多語彙力；

②聆聽就像閱讀；

③讓你變得善解人意；

④不再誤踩別人地雷；

⑤聆聽讓你看見自己的盲點；

⑥不再為沉默而尷尬；

⑦懂得聆聽的人，會被當成厲害人物。

開口說話之前，請先聽聽別人怎麼說。

為了讓你了解這個重要的道理，我會用最簡單的方式來說明。

本書專門教你「只要肯做，任何人都能駕輕就熟，獲得莫大成效」的聆聽技巧。

我在二〇一九年出版了《共感對話：1分鐘讓人喜歡的對話術》，託大家之福，本書被許多人閱讀（順帶一提，日文原書名《人は話し方が9割》裡提到的「九成」不是指真的百分之九十，而是用來比喻「非常重要」）。

「對你而言，說話和聆聽，哪個比較重要呢？」

時常有人問我這個問題，我會毫不猶豫地告訴你：

「站在溝通的角度，聆聽比說話更重要。」

就是這麼肯定。

所以，你可以把本書當成《共感對話》的延伸閱讀，書中談的是更重要的核心。

我保證，學會本書依序介紹的聆聽技巧後，你在對話上遇到的煩惱都會煙消雲散，大幅提升人際溝通的品質。

好，準備好了嗎？

那麼，馬上開始「使人輕鬆展開對話，自動對你產生好印象」的最佳聆聽法吧！

目錄

第二章

贏得人心的聆聽方式

第三章 不被討厭的聆聽方式

第四章 使人「還想再約」的聆聽方式

第一章

為何「懂聆聽」能讓你無往不利？

01 常見問題「喂，你有沒有在聽啊？」

隨處可見的日常爭論

「喂，老公，你到底有沒有在聽？」
「有啊，我在聽啊！」
「騙人！你都沒有仔細聽我說話！」
「我不是正在聽嗎？妳到底有什麼不滿？」

這是從古至今都有的普遍現象，每個人應該或多或少都有看過或是親自體驗過吧？

時代變遷之後，這副光景只是從男性坐在沙發上看報紙，變成玩手機或是打電腦而已，夫妻之間的心理戰仍處處可見。

對於「聽」有不同的認知

在這個例子當中，氣憤表示「我有在聽」的男性通常是真的有在聽別人說話。

只是，兩人對於「聽」的認知不太一樣。

強調「我有在聽」的人是在「聆聽字句」，簡單來說，他們是在「聽內容」。

然而，多數希望你「仔細聽」的人，是希望你好好聽見藏在話語中的

「心情」。

一邊是在聆聽內容，一邊是在抒發心情，希望你好好接住，誤會就是由兩個不同的目的而生。

這不只發生在情侶之間，也會發生在上司與下屬之間、朋友之間及親子之間，是所有溝通不良的元兇。

認知差異影響人際關係的例子實在太多了。

擅長聆聽的人少之又少

請回顧過往經驗，找出那個讓你覺得「他說話好風趣」、「他真會說話」的人。電視上的人氣諧星、聚會場合的開心果、職場上用精湛的簡報說服人心的同事、一不小心讓你聽到忘了時間的朋友。

由於這些人特別容易在心中留下印象，只要稍微回想，你一定能舉出不少例子。

好，現在請你回想那個讓你覺得「他真懂得聆聽」的人。

「每次找他聊，都會不小心聊開。」

「他都有好好聽我說話。」

就是這些人。

如何呢？有想到嗎？

是的，我們很容易想起那些口才好的人，卻不容易想起一個擅長聆聽的人。

因為擅長聆聽的人真的少之又少。

百分百
博得好感的
聆聽技巧

01

請了解「擅長聆聽的人」相當稀有。

02 一切要從安心感做起

人此刻最需要的東西

二〇二〇年初，新冠肺炎的流行引發了全球恐慌。這場無疑會寫進歷史課本的重大災害，成為超乎人類想像的長期抗戰，給全世界的人們帶來了重大傷害。

在這樣的背景前提下，我們生存的環境，以及人們的思緒裡，更加充滿了一種情感。

那就是「不安」。

接下來，我們的生活究竟會變得怎麼樣呢？

工作要怎麼辦？世界會如何演變？

這樣的恐慌要持續多久？

諸如此類的不安，盤踞在我們的腦海。

日本人是追求安定的民族，生活有變數就會很緊張，人們平時為了老後生活而操煩，一下要擔心職場問題，一下要擔心未來前景，如今多了疫情來攪局，使不安的情緒來到最高點。

生活越是不安定，人越需要另一種東西。

即不安的相反狀態——

也就是**「安心感」**。

安心感所影響的不只是社會層面，還和日常生活息息相關，是所有人際關係的基礎。

古時候的偉人教我們的人類欲求

接下來，我會教你各種關於「聆聽法」的大小技巧。

在聆聽的主題下，為了加深你對本書的理解，並且在日常生活中立刻活用學到的知識，請先記住一個貫穿本書的重要理論。

雖說是理論，其實很簡單。

沒錯——

所有人最原始的需求，就是安心感。

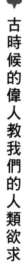

百分百
博得好感的
聆聽技巧

02

時常留意：「我有沒有給人一種安心感呢？」

人類擁有豐富的情感，其中光是正面情感就有：激昂、亢奮、歡欣、幸福及成就感等等。

而其中最重要的情感基礎——人類最原始的需求，就是安心感。

著名的心理學家馬斯洛（Abraham Harold Maslow），將人類的需求分為五個階段，其中（僅次於維持生命最低需求的「生理需求」）最基礎的需求，就是「安全需求」。

由此可證明，安心感是人類最重要的情感基礎。

也就是說，一旦少了安心感，其他情感都無法獲得滿足。

03 人是需要說話的動物

出生後最先記住的情感

為何我們如此需要安心感呢？

在我迷惘時，一位貴人如此開導我：

「永松啊，你知道人出生時最先體驗的情感是什麼嗎？」

「嗯——是什麼呢？」

「是『排解』喔。」

「排解？」

「對，排解。你想想，小嬰兒誕生時，最先做的事情是什麼呢？」

他這樣告訴我：

人在誕生時所做的第一件事，就是發洩情緒、哇哇大哭。

此外還有更貼近字面的意思，就是排泄。小嬰兒透過拉屎拉尿，下意識地體驗到「舒暢」的心情。

人們常說，學習要從「輸入」開始；但是站在本能的角度，人類的情感最早正是由「輸出」開始的。

「說話」使人心情舒暢

好啦，我繼續問，最早透過「輸出」得到快感的人類，做什麼事情時，會感到心情暢快呢？答案很簡單：

就是「說話」、道出內心的想法。

人因為個性的不同，有人話多，有人話少，但無論是哪一種，說話都能使人獲得心理上的快感。

回顧自身經驗就能立刻明白：當我們感到痛苦或是走投無路時，往往哭一哭、發洩抱怨一下，心情就變好了。

腦科學的研究領域也透過許多臨床數據證實了這件事：比起聆聽，說話更能使人獲得心理上的快感。

因為，說話是人類與生俱來的本能。

溝通專家才知道的人類三大心理

我在（日本時間）二〇一九年九月出版的本書姊妹作《共感對話》當中，曾經寫到人類的三大心理，在此重新介紹：

「人最重視、最感興趣的對象總是自己。」

「人本來就會強烈渴望別人認同自己、理解自己。」

「人會喜歡能理解自己的人。」

就是這三件事。

百分百
博得好感的
聆聽技巧

03

要記住，人本來就是想要說話的動物。

換句話說，每個人都在尋求能對自己的話題產生共鳴的人。

因為「想要別人聽自己說」是人與生俱來的本能，所以說得極端一點，住在日本的一億兩千五百萬人都需要「聆聽者」。

偏偏願意聆聽的人是如此稀少，可以想見「聆聽」的價值是多麼地高。

當一個「聆聽者」就能有好的開始

人本來就是想說話的動物

求認同—— !!
求理解—— !!
聽我
說嘛—— !!

許多人都需要一個「聆聽者」

哇—♪
很棒欸！
然後呢然後呢？

人會喜歡「願意聽我說話的人」。

04 許多人對溝通的誤解

溝通不需要困難的技巧

「我天生不擅長說話，希望能把口才練得更好，請問我該怎麼做呢？」最近常有人找我商量這件事。

的確，在許多人眼裡，對答如流、侃侃而談的人看起來相當有魅力。

但是站在溝通的角度，「能言善辯」不見得是加分，甚至有可能是扣分。

一個人要是太過健談，唯恐力壓全場，使其他人不敢講話，進而產生不好的印象，覺得「這人真善辯」。

當然，在人前說話也能善用許多技巧贏得好感，但本書的主題是溝通，我可以肯定地告訴你：

想要與人建立良好的互動關係，並不需要能言善道。

與人溝通互動時，對方要的不是困難的說話技巧，而是輕鬆自在的互動過程。

溝通的主導權不在說話的一方

許多人還誤會了一件事，以為：

「說話的人掌握了對話的主導權。」

其實不是的。

真正善於溝通的人，絕不會單方面地灌輸自己的想法。

他們非常了解人的心理，知道「說話是人的天性」。

因此，他們比誰都明白，**掌握對話主導權的不是說話的一方，而是聆聽的一方。**

跟主持人學聆聽

我平時很少看電視，但只要有空，我會抱持學習心態，觀賞某位藝人的電視節目。

那個人就是知名搞笑藝人——明石家秋刀魚。

明石家先生的主持功力非常了得。

加上他是一位搞笑藝人，自然非常會說話。

但是，你若有仔細看過綜藝節目《跳舞吧！秋刀魚大人！》（踊る！さんま御殿!!），就會發現明石家先生幾乎沒在說話。

就算偶爾開口，也是為了把說話的棒子交給下一位來賓而鋪路。

他基本上開口只有三句感嘆詞：

「哦？」

「咦——」

「原來啊——」

如此這般，利用誇張的舞台回應來製造效果，藉此炒熱話題，然後再拿著那支上面有自己頭像的主持棒猛敲桌子、哈哈大笑。

但是，掌握所有來賓話題動向的人不是別人，正是明石家先生本人。

當然，明石家先生是日本數一數二的藝人兼名主持人，我們只是一般人，無法和他相提並論，不過還是可以多多參考他的主持觀點，從中學到不少溝通的技巧。

下次看綜藝節目時，不妨留意一下厲害的主持人吧。

百分百
博得好感的
聆聽技巧

04

聆聽者才是掌握對話主導權的關鍵人物。

05 鍛鍊「聆聽力」好處多多

1 不需要太多語彙力

說話需要龐大的語彙力，才能說得條條有理、具有說服力。想當一個口才好的人，需要不斷擴充自己的語彙力。

相反地，聆聽者在語彙的要求上並不高，要說的不外乎這幾句：

「咦？」、「哦？」、「原來是這樣！」、「我懂了。」、「受教了。」

聆聽者藉由反覆給予回應來引導話題，就算要列出常用詞清單，有一百個左右就很夠用了。

「說話」需要用到上萬個字彙來組織句子的架構。

「聆聽」只需要準備一百個左右的字句，配合話題丟出去就行了。

哪邊比較簡單，一看便知。

聆聽不會用到太多語彙，不像說話那麼複雜，誰都學得起來。

2 聆聽就像閱讀

「讀書就是力量。」

這是一句老生常談。

仔細想想，的確是人生的真諦。

因為——

閱讀能使輸入量增加。

現在由於各式各樣的媒體崛起，時事潮流也變得更加複雜，看書的機會自然大幅降低。

即使如此，轉換視點就不難察覺，「聆聽」只是把資訊接收的管道從眼睛換成了耳朵，做的事情一樣是在輸入智慧、知識和各種資訊，和閱讀有異曲同工之妙。

聆聽，就是透過耳朵來接收內容。

3 讓你變得善解人意

日本有一個獨特的文化，叫做「閱讀行間」，意思是從文章與文章之間，讀出作者的意圖。

專心聽人說話，一樣是要讀出藏在話語深處的心情，換言之，就是在練習「閱讀行間」。

無論是誰，一定都有許多心情是埋藏在話語當中、說不出來的。「專注聆聽」可以幫助你更加了解別人的心情。

4 不再誤踩別人地雷

光靠說話要使人折服是非常困難的一件事。

不先了解別人就一個勁地說話，很有可能誤踩地雷。自己認為無所謂、沒什麼不好的事情，也有可能觸怒對方。話說得越多，越有可能禍從口出。

相反地，聽別人說話是在蒐集資訊，藉以了解對方是怎樣的人、心裡在想什麼、有什麼感受。

藉由聆聽，我們能更加了解別人要的是什麼，也更有機會拓展對方感興趣的話題。

5 聆聽讓你看見自己的盲點

人擁有各自不同的思考觀點。

自己以外的任何人，一定都經歷過你所沒遇過的事情。

當然，也有許多事情只有你才知道。

仔細聆聽別人說話，常常可以從中學到自己所不知道的事情，從而發現自己的盲點。

「自以為懂很多」的心態，會使一個人停止成長。

因此，我們要懷抱一顆謙卑的心，告訴自己「我要多跟旁邊的人學習」，聽聽別人怎麼說。

如此一來，就算是自己沒經歷過的事，也能藉由聆聽的過程身歷其境，體驗類似的感情和智慧，拓展人生的寬度和廣度。

6 不再為沉默而尷尬

時常有人說：「和人聊天時，如果話題突然中斷，我會非常焦慮。」

害怕對話沉默下來，似乎是很多人都有的毛病。

這時只要交棒給聆聽的一方，就能輕鬆化解。

想像一下。

當你正在和人說話，話題由對方主導，你負責聆聽時。

聽到一半，對方突然沉默下來。

「呃，總之當時就是這麼一回事。」

「哇，原來如此，太好了。」

「嗯，然後啊……咦？接下來是……我想想喔……」

「……嗯？慢慢說啊，你當時的心情呢？」

「……噢，對對！我跟你說——」

在上述對話裡，只要聆聽的一方稍微接個話，就能即時化解尷尬。

接著，你只需要面帶微笑地等待。因為話題會由對方接下去。就是這麼輕鬆簡單。

沉默的壓力，主要在於說話的一方。

相較之下，聆聽者非但不會尷尬，還能在對話中斷時伸出援手、化解尷尬。

7 別人對你的評價大大加分

想像一下。

你正在飯店的等候室休息。

儘管聽不見對話聲，但你的視線前方有兩名男性。

其中一位激動得擺動肢體，拚命想要說服另一人。

另一人則端正地坐著，緩緩點頭聆聽對方說話。

你覺得哪一位看起來比較厲害呢？

這個問題應該有不少人會回答：「前者！」

換個比較新潮的說法吧，這邊的厲害是指「領袖氣質」。

人會本能性地對作風沉穩、老神在在的人產生敬畏心，並從這種人身上感受到領袖氣質。

因此，比起急急忙忙說話的人，能夠穩健聆聽對方說話的人，感覺更具有魅力。

懂了嗎？

一邊拚命急著搶話，結果還被人瞧不起。
一邊幾乎毫不費力，就能提升自身評價。
很神奇吧？因為聆聽者能給人一種心胸寬大、老神在在的印象。

百分百博得好感的聆聽技巧

05

成為聆聽的一方，能讓你在人生的任何場合無往不利。

聆聽者的七大好處

①語彙力少也 OK

我今天遇到
這種事呢！
是喔！

②輸入量增加

其實還發生
過這回事。
哇！

③變得善解人意

她也太懂
我了吧。
我沒事。
其實很辛苦吧。
我明白
你的苦處。

④避免誤踩地雷

都沒遇到
好緣分。
盡量避開這個
話題吧。
這樣啊……

⑤增廣見聞

又學到一課！

⑥不怕尷尬

呃……
慢慢說
沒關係。

⑦評價上升

就是說啊♪

很像大人物

器量大

老神在在

06

鍛鍊「聆聽力」比學習說話更簡單

初次見面總是很緊張

「我和人第一次見面都超緊張，完全不知道該說什麼好。」

提到人際對話上的煩惱，最常聽見的就是這句話。

因為是初次見面，當然不了解對方的個性。

不了解對方的個性，就不知道該帶起什麼話題，因此陷入尷尬之中。綜觀全世界，日本人算是特別怕生的民族，這已經是一種民族性了。

和容易跟陌生人微笑說「嗨」的歐美人相比，日本人對於「初次見面」的人際互動特別不拿手。

有些人會主張：「為使人際互動變得更加坦率，我們應該多學習歐美的溝通方式。」

但我認為這麼做並不實際，因為不符合日本人的國民性。

不用勉強當投手，當個讓接球發出響亮聲音的好捕手吧！

那麼，我們究竟該怎麼做呢？

我提出以下解決對策：

強化聆聽力及對周遭的提問力，藉此擴充對話內容。

具體來說，要怎麼做？

請想像多人聚餐的場合。

我用棒球來比喻，這樣就會很好懂。

人只要一多，裡面一定會有一、兩個人特別擅長分享自己的見聞。

這種人就像是棒球裡的投手。

一場對話就是由他們投球而展開。

這種時候，投手非常需要一個重要的隊友。

沒錯，就是捕手。

知名的捕手不是只會接球，他們在接球時會運用技巧，發出「咻乓！」的響亮聲音，把球接進手套。

這麼做是為了激勵投手的士氣。

隨著「好球！」的一聲呼喊，把球丟回去，可使投手的士氣變得更加高昂。

不僅如此，捕手接球之後，還握有該把球傳去一壘、二壘、三壘的選擇權，並且鎮守在最重要的本壘板上。

捕手必須以本壘板為據點，視情況把接到的球傳往扇形的前方範圍，他的守備位置就相當於對話裡的聆聽者。

善用日本人的專長

假如你天生不擅長說話輸出內容，真的不需要勉強自己當個投手。

我這樣說吧——

「看到飛來的球（別人說的話），你只需要想著如何讓接球發出響亮的聲音，並且把球傳向其他壘包，使比賽順利進行（延續對話）。」

是的，只要集中磨練接球、傳球的技術就行了。

好的發訊者，一定擁有一個好的接收者。

也可以說，正因為有好的接收者，發訊者才能安心地暢所欲言。

自古以來，日本人的文化便認為，單方面發送訊息的人只是愛說話、缺乏涵養。

反過來說，會仔細聆聽別人說話並虛心接受的人，在日本的文化裡會被當成有品德的人。

我們不該一味地認為「能盡情表達自我的歐美作風好厲害」，應該重新看見日本人的傳統美德——「能好好聽人說話的人才是深藏不露」。

柔道、茶道、合氣道……日本有許多跟「道」有關的才藝。

幾乎所有的「道」，都是從「接收」開始。

不是主動發出訊號，而是接收到對方的訊號才做出回應。

從這個角度來思考，日本人的「會話道」也是從「聆聽」開始。

百分百
博得好感的
聆聽技巧

06

不強迫自己當個會說話的人，好好發揮日本人的傳統美德。

學習如何擴充對話

接球聲響亮的捕手（聆聽者）才能博得好感。

07 許多人因為不了解「聆聽方法」而吃虧

欸，可以多給點反應嗎？

「和他聊天都不熱絡。」

「他真的有在聽我說話嗎？」

「跟他說話都要小心翼翼的，好累喔。」

在你的日常對話裡，是否也有一些人給你上述感覺呢？

我在工作上也遇過類似煩惱。

尤其是演講。

我的其中一項工作，是在眾人面前（多時甚至超過一萬人）演講，壓力真不是普通的大。

演講時，我都會忍不住在內心感謝那些至今聽我說話的朋友，謝謝他們「總是願意耐心聽我說」。

隨著演講次數增加，我現在已經輕鬆許多，不過台下觀眾真的無一例外，認真聽講的表情都十分嚴肅，嚴肅到我會想問：「那個……我的演講是不是很無聊？」

嚴重時甚至會全員盤起手臂、板起臉孔，一點反應也沒有。

演講台的老前輩給了我建議：「你就把台下的人都當成南瓜吧。」但是對我不管用，我一想到台下是比人類更冰冷的南瓜，說到一半心都要涼了。

許多人不擅長表達心情

演講結束後，有時會安排交流活動，那些在我演講時毫無反應的人，在幾杯黃湯下肚後，開始會端著酒杯來找我攀談。

「永松先生。」

「……是。」

「那個……」

「……啊，今天謝謝您來聽講。」

短暫的沉默總是讓我很緊張，但我還是趕緊道謝。

然後，對方在漫長的停頓後，才會突然說：

「您說的那些話敲響了我的心！我聽了好感動！」

……我說啊，既然覺得很感動，不能表現得更感動一點嗎？

我心裡其實是這樣想的。但是聽到回饋的感想，會發現他們真的連許多小地方都聽得相當仔細。

每次遇到這種事，我都再次感嘆「日本人真的不是擅長表現自我的民族」。

許多人就是因為不擅長聆聽，才會在工作上、生活上和人際關係上吃了不少悶虧。

百分百博得好感的聆聽技巧

07

聆聽別人說話時，記得適時表達自己的心情。

08

為何開會如此枯燥？

討厭開會的三個原因

容我一問。你喜歡自己公司的開會時間嗎？

如果有人回答：「是的，想到明天要開會，我就興奮得睡不著！」這肯定是個幸福的傢伙。

很遺憾，現實中提到開會，大部分人的感想都是「開會＝麻煩死了」。

「能不能快點結束啊？」、「不能開得更有效率嗎？」這才是多數人的心聲，所以坊間才會有那麼多提升會議效率的工作書。

我再問，為何會議普遍都很枯燥呢？

我想大致可分成三種原因：

一、與會者都板著臉孔，造成嚴肅的氣氛；

二、聆聽方只想聽「正確答案」，造成說話方的壓力；

三、認為「必須提出正確答案」。

下面為你一一分析。

以為聆聽必須一本正經

日本的組織有一種奇特的氣圍：

開會時必須板起臉孔，表現得一本正經。

這也是多數職場上的潛規則，除非當天有喜事要宣布，否則眾人笑咪咪地點頭、體恤發話者的情景根本不會出現，連在電視上都看不到。

反觀下班後在酒聚上喝得醉醺醺、向上司酒後吐真言的情形屢見不鮮。

事實上，沒人敢說真話的會議，根本沒有存在的必要。

但是，社會氣圍卻不容許大家說出真心話。

仔細想想，這不是很奇怪嗎？

如果每個人都能在會議上暢所欲言，之後再來開心喝酒，生產力不是比較高嗎？

得不到好意見的三個原因

現在，請你轉換立場，把自己想成一位發話者。

試想，當你要發表意見時，面對一群嚴肅盯著你、不准你講錯話的人；和一群笑咪咪地望著你、期待聽你想法的人，哪邊比較容易讓你說出真心話呢？

會議上還有許多人習慣皺起眉頭、盤起雙臂。

老闆和主管也會施加壓力：「快交出好提案！」

是的，得不到好意見的第一個原因是：

「聆聽者的臭臉」。

第二個則是聆聽者散發的氛圍：「我只認可最佳方案」。

這叫**「批判症」**。

第三個問題不在領導方，來自與會者本身的心理障礙。

我們從小接受填鴨式教育長大，在課堂上和考卷上必須給出正確答案。面對發言，我們也習慣給出正確答案，以拿到「圈圈」的牌子。

我把它稱作**「正解病」**。

開口就必須說出正確答案、聽的人只想聽到正確答案，還有一進會議室就看見的臭臉，三者加在一起，當然得不出好意見了。

結果，會議現場壓力太大，人們開始變得討厭開會。

無論是誰，都不可能一次就揮出全壘打。

球員必須反覆站上打席，有機會揮棒，才有可能慢慢提升打擊率。

如果初上打席的人，前方站的是一群「揮棒落空就不饒你！」的批判者，誰還願意上去打擊（發表意見）呢？

「人要面對挑戰才會變強大！現在的年輕人太軟弱了！」

這套論調是昭和經濟高度成長期留下的產物，現在早已不適用。

你的對話空間是「肯定」還是「否定」的呢？

為了讓你容易理解，前面使用開會來比喻，回到聆聽上面：

一、擺臭臉。

二、批判症。

三、正解病。

這三種情形一樣出現在我們生活的周遭。

例如親子對話、前後輩的酒聚上，或是群組會議等等，尤其在牽涉到權力關係時特別嚴重。

很簡單的道理，你營造一個肯定的空間，彼此的關係就會變好；你營造一個否定的空間，弱勢的一方會更加弱勢，結果變成強勢的一方單方面示威。

很遺憾，這種模式依然存在於社會的各個角落。

百分百博得好感的聆聽技巧

08

盡量避免「擺臭臉」、「批判症」和「正解病」。

讓人不敢說話的三個原因

①擺臭臉

②批判症

③正解病

想要獲得好意見，
就要打造不否定的全面肯定空間。

09 當一個聆聽者，使自己和周遭變和諧

我的聆聽方式也曾錯誤百出

不要當一個抱起雙臂、東批評西批評，只認同正確答案的批判者。

我在前面章節寫得義正詞嚴，事實上，從前的我也有批判症。

距今二十年前，我從三坪大的章魚燒小販開始做生意，兩年後，二十八

歲的我回到家鄉大分縣中津市，開了一家兩層樓、一百五十個座位的餐廳「向陽之家」。

對當時年僅二十幾歲、只做過章魚燒的我來說，開餐廳是一項十分艱鉅的挑戰。

員工數從七人增加到近三倍的二十人之多。

畢竟本來只做外帶，只需要做好賣出去；現在變成與顧客面對面推薦菜色的餐飲服務業。

每天，我都在錯誤當中學習。

當時，我跑去書店做功課，把跟餐飲業有關的教學書都看了一遍，裡面必定提到這句話：

「需具備跟員工的溝通協調力。」

而我卻忽略了這一點。

這道商品的特色是什麼？適合在什麼時機推薦？我依樣畫葫蘆地製作了與顧客對話的員工手冊，要求他們通通背起來。

敝店聘請的員工裡，有國中畢業、高中輟學、繭居族，還有被公司裁員的再就業人士，這些人本來就不擅長死記內容。

但我認為不能因此找藉口，否則有損餐廳的品質。

我開始找時間要員工們集合，由我扮演客人，反覆測試他們有沒有把SOP背熟。

當時，我急著想鞏固基本流程，所以嚴禁員工即興介紹餐點，要求他們一字不漏、又要帶感情地唸出手冊上的內容；反觀扮演顧客的我卻不斷即興演出、處處刁難。

我刻意把自己設定成奧客。

理由是「連難搞的客人都能搞定，接下來就沒什麼好怕了」。

錯誤訓練使人一日就排斥溝通

「歡迎光臨！這是敝店選用〇〇食材精心調製、最自豪的推薦菜單！」
「誰管你自豪什麼菜單？你倒是說說看，它好吃在哪裡？」
「呃……」

「先生，您的杯子空了，需要加水嗎？」
「不要打擾我，我在跟人說話。」
「啊，抱歉，打擾您了。」
「你們動不動就畢恭畢敬地說抱歉，這樣子要怎麼跟客人溝通啊？」

在上述訓練後，還要舉行反省會。

「你知道自己錯在哪裡嗎？」

「怎樣可以做得更好呢？」

我會盤起手臂，要他們一一報告。

「為何做不到？」

「明天能改進多少？」

「沒有更好的意見嗎？」

「現在是會議時間，你們一個個都不說話，到底是想怎樣？」

像這樣，我只是一味地責備員工。

我在寫的時候都覺得自己是大壞蛋，真想和當時的員工好好道歉。

結果，員工喪失了信心，我也變得更焦慮。

訓練的時候，連平時性格開朗的員工都很低氣壓，店裡的氣氛相當凝重。

很快地，所有員工失去活力，整體表現直線下滑。

使我了解聆聽威力的可怕實驗

「我到底該怎麼辦？」

當我對遲遲看不見成效的訓練方式感到質疑時，碰巧在電視上看到一個實驗節目。

甚至可以說：「我是因為看到這個節目、深受衝擊和啟發，才決定寫下這本書的。」節目裡的實驗，徹底翻轉了我對於溝通的想法。

節目名稱我記不得了，印象中是某個「溝通特輯」之類的。

請一邊想像一邊往下讀。

實驗裡有六名男性與三名女性登場。

男性分成兩組，輪流進行實驗，一次各由三名男性與三名女性面對面坐在有桌布蓋住腳的桌子前。

第一組是「不擅長和女性說話組」。

不修飾的說法是「看上去沒有異性緣的宅男」。

第二組是「擅長和女性說話組」。

這一組的男性各個身材筆挺、相貌堂堂，從主觀和客觀上來說，都散發出「我很受女性歡迎」的氣場。

女性被布蓋住的腳下設有踏板，覺得男性說話有趣時，就輕踩踏板。

每踩一下，螢幕上會追加叫做「皮可（pico）」的點數。

觀眾看得見「皮可」的積分，閒聊中的當事人是看不見的。

時間限制為五分鐘。

先從「不擅長組」開始挑戰。

挑戰一開始就令人看得膽顫心驚，很想對著螢幕大叫：「放過他們吧，五分鐘太長了！」

他們緊張到全身都僵硬了。

和他們說話的女性，臉上也彷彿寫著：「你還好吧？」

結果三人合計只拿到五皮可，輸得慘兮兮。

好啦，接著換「擅長組」帥氣登場。這些男性在挑戰開始之前、剛入座的時候，便自然地向對面的女性打招呼、主動帶起話題並給予稱讚，對話中笑聲不斷。

挑戰開始後，女性也在閒聊中頻頻發出笑聲，猛踩踏板。

五分鐘下來，共拿到八十五皮可，不是浪得虛名。

「看來口才還是很重要嘛。」你也許會佩服他們，事實上不是這樣，可怕的實驗才剛剛開始。

實驗進入第二回合。

剛才慘輸的「不擅長組」坐回椅子上。

第二回合的挑戰開始前，節目製作人請女性過去開會，不知道說了什麼，翻轉了接下來的結果。

第一組的積分不斷上升，最後拿到三十皮可，跟一開始的五皮可相比，可說是大躍進。

而稍早取得八十五皮可的「擅長組」竟然跌到十五皮可，一口氣掉了這麼多分，簡直大慘敗。

好的，請問製作人向女性組下達了什麼指示呢？

答案很簡單，他要女性對「不擅長組」這樣做：

「請面帶笑容，用熱烈的反應愉快地聽他們說話。」

這是製作人交給女性組的任務。

對後攻的「擅長組」則是這樣做：

「不管對方說什麼，都要板起臉孔、頭也不點一下。」

就是這兩個任務。

結果如何呢？

「不擅長組」被女性的反應激勵，自己也嗨了起來，動作手勢增加了，得到的皮可也越來越多。

後攻的「擅長組」無論說什麼，女性都板著臉、毫無反應，這群帥哥也受到影響，表情越發僵硬、額頭冒汗，只能一邊擦汗一邊努力聊，看起來完全喪失了自信，令人掬一把同情淚。

這個節目證明了一件事：

聆聽方的反應，將大幅影響說話方的表現。

「真虧他們想得出這麼殘忍的實驗。」我對節目製作班底產生一股敬畏之心，同時心想：「就算實驗本身是錯的，我也想避免這種情形發生。」於是，我想到了幾個可以在溝通上改善的地方。

打造充滿安心感的空間

「我不做之前那種情境訓練了，我想靠『聆聽法』決勝負，把向陽之家打造成顧客想主動說話的空間。」

「啊？？？」

儘管沒有說出口，但員工們的臉上彷彿寫著：「茂哥（員工都這樣叫我）又在發神經了……」

這種時候，大夥兒會很有默契地由我的親弟弟幸士代表發言，他是我們店裡的開心果。

「茂哥，你的意思是說，我們就笑嘻嘻地聽客人說話嗎？」

「嗯，沒錯！」

「那麼，如果有人要我推薦菜單，我可以隨便說一句『這個超好吃！』嗎？」

「可以，我們就少說兩句，只管笑咪咪地點頭就對了！但是，一定要比其他店家還親切喔！」

「好耶——！這簡單嘛！各位，我們一起加油吧！」

「哦——！」

這麼做立刻帶動士氣。

愁眉不展的員工也取回了笑臉，大夥兒開開心心地說：「我來演客人！」、「我來演服務生！」

員工們自顧自地練起來，店裡頓時成了小小的舞台劇場。

每個人都願意開口的會議時間及早會祕訣

「我們要成為當地最有親和力的店，讓客人能暢所欲言！」

這個溝通大作戰為我們的店帶來意想不到的效果。

我們通常習慣在打掃和備料結束後，開個早會討論當天要做的事。

自從決定「靠聆聽決勝負」後，員工被交付的任務不再是勤練話術，而是微笑點頭。

剛開始練習時，先請員工練習聽我說話；漸漸地，大夥兒的發言也踴躍了起來。

不知不覺間，我們建立了「無論誰說什麼，都先豎起大拇指比『讚！』」的規矩。

約莫十年後，臉書登場，一位員工看到「比讚」的圖示時還說：

「臉書的『讚！』該不會是抄襲我們家的吧？」

此時，他已經能一臉嚴肅地瞎扯，這也是凡事從肯定開始的風氣帶來的正面影響。

「不擅長說話」其實是錯覺

不僅如此，這股肯定的風氣也感染了早會的演講。

我們習慣利用早會時間，訓練大家中氣十足地演講，起初曾規定「請在一分鐘之內把想說的話表達清楚，這樣才能全員上台」。

後來，我把時間限制取消了。

「沒有全員說到話也沒關係，就讓想說的人盡情地說吧。」

只要是積極的話題，想說什麼都可以。

因為我們現在重視的是聆聽方的反應。

說得極端一點，就算說了「1＋1＝3！」，也不要隨便修正他或是皺眉頭。

「沒錯！」、「就是啊！」、「果然厲害！」、「好點子！」總之大概是這樣，聆聽方要用最棒的笑臉拍手鼓勵。

旁人看見了，大概會一頭霧水地心想：「這些年輕人淨用大嗓門說些奇怪的話，其他人還在稱讚他，到底是在稱讚什麼啦？」

店裡彷彿成了沒有伴唱帶的卡啦OK包廂，不時爆出宏亮的拍手聲。

如此這般，我開始徹底重視「聆聽」，並利用會議和早會演講反覆進行訓練，員工從中得到自信，演講的技能越來越強，客人自然也多了起來。

許多人對於自我的認知——「我不擅長說話」其實只是錯覺，並非事實。

他們不是「不會說話」，而是缺少了「讓我好好說話的環境」。

即使弄錯了，大家也會溫暖地聽我說話——人只要建立了這樣的安全感，任何人都能好好地說話。

我從員工身上學到了這件事。

偶然在電視上看到的實驗，不僅改變了我的餐廳，也連帶改變了我對於溝通的觀念，成為我人生重要的轉捩點。

百分百博得好感的聆聽技巧

09

創造一個肯定的空間，讓任何人都能好好地說話。

打造令人安心的說話空間

①聆聽別人說話，記得微笑點頭。

②對話要從「讚！」開始。

③不要糾正錯誤或是擺臭臉。

用對聆聽方法，周遭的人也會開心地和你說話。

第 二 章

贏得人心的聆聽方式

10

用對聆聽方式，幫助你快速贏得好人緣

你有敞開安心的大門嗎？

「人會喜歡讓人安心的人。」

這是本書最想傳達的主旨。

人會在安心的情況下，對別人敞開心房。

安心的感覺會使人產生歸屬感，覺得「我可以待在這裡」。不僅如此，安心之後身體也會放鬆、腦力變得更好，使人發揮本來應有的實力。

因此，給人安心感的人會受到眾人歡迎，他自己的人生也會開出一條條康莊大道。

我稱擅長聆聽的人叫：

「反應美人」。

不分男女老少、無關外貌上的美醜，反應美人指的是「聆聽態度優雅」的人。

遺憾的是，這年頭，反應美人已經不多見了。

我想這跟日本人含蓄的文化性和民族特質有關。我們容易下意識地警戒、拒絕別人，加上批判的性格作祟，因此降低了人際互動的品質，還連帶喪失了自信。

本章正式教你：如何學會聆聽力？

簡單來說，我會具體介紹成為「反應美人」的各種小技巧。

點頭的用意

再怎麼口拙的人都有一個肢體語言，可以簡單地向說話者表示共鳴。

我最想優先舉的例子就是「點頭」。

日文的「點頭」使用的漢字是頷首的「頷」，但你知道第二常用的漢字是什麼嗎？

「肯」。

後面常接什麼字呢？

不用我說，你一定知道。

「肯定」。

沒錯，就是肯定。

換句話說，「點頭」就是在說：

「我肯定你。」

實際上，「點頭」也用來形容「肯定」。

時常以點頭來表示肯定，可讓對方產生被認同的感覺。

百分百
博得好感的
聆聽技巧

10

點頭是表達肯定最好用的肢體語言。

贏得好人緣的最強技能

好的對話
也有好的肢體語言。
請積極地點頭。

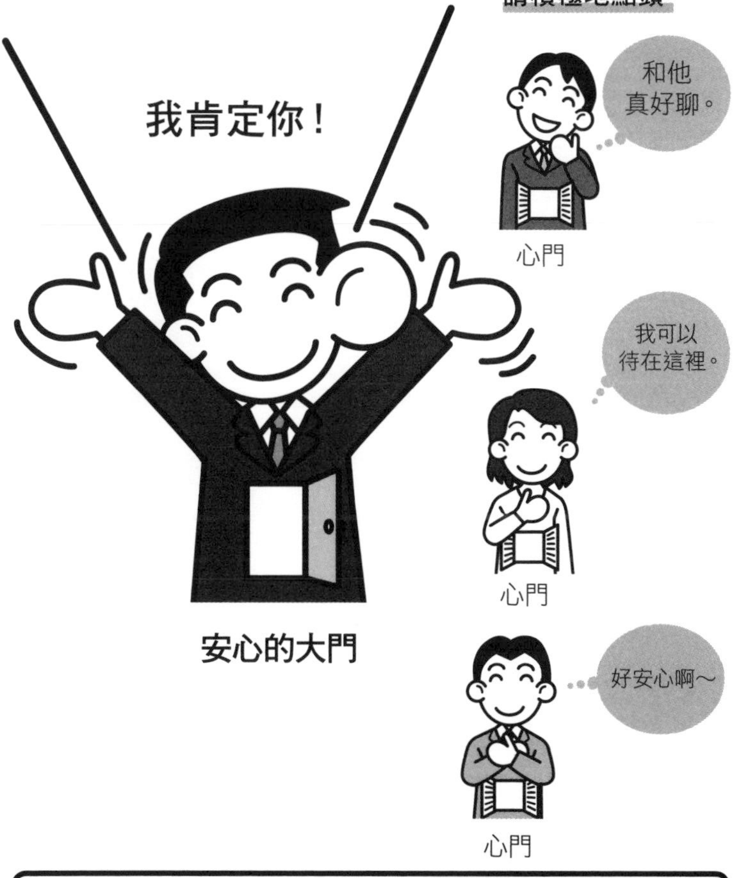
我肯定你！
安心的大門
和他
真好聊。
心門
我可以
待在這裡。
心門
好安心啊～
心門

點頭＝肯定，記得多多肯定對方喔！

11 口才不好 也能超越能言善道之人

口才不好，不等於不擅長對話

為什麼他總是如此討人喜歡？
為什麼和他相處時特別自在？
為什麼他總是這麼擅長溝通呢？
你身邊有沒有符合這三點的人呢？

你認為這些人每天對著牆壁演講十分鐘，努力訓練口才嗎？

我想不是。

這些人只是配合說話的對象，使用了正確的方法而已，這是人人都辦得到的事，只是幾乎沒人去做。

當然，如果能言善道，會更加順暢地表達內心的想法。因此我會說，口才好是「很方便」的一件事。

也因為這樣，才有許多人誤把「學說話」當成人生必修課題，甚至因為「我不擅長說話」而自卑，進而對溝通產生排斥。

但是，人是一種有說話本能的動物，希望別人聽自己說。

因此，**喜歡搶話的人，人緣絕對比不上那些懂得做球給別人——擁有「聆聽力」的人。**

「聆聽者」懂得實現別人的願望，所以特別討人喜歡。

要做的第一步，就是一邊聆聽一邊點頭，這是最重要的基礎條件。

為了進一步提升「點頭力」，我們還能搭配各種肢體動作，使對方更容易敞開心胸說話。

反應美人善用的五種動作

你不用費盡苦心，嘗試用說話使對方敞開心房，你只需要自然地和對方聊天，接著使用我即將教你的——讓對方自動喜歡你的最強聆聽法就行了。

反應美人善用五種聆聽法，使別人自動對自己產生好感，我稱它叫：

「傾聽魔法」。

「傾聽」指的是側耳專心聽對方說話。

這是善用「眼睛」、「耳朵」、「全身」、「心靈」等多重感官聆聽對方說話的魔法。

剛開始接觸，你也許會感到「有點難」，習慣之後不但輕鬆簡單，還能給對方留下絕佳的印象，學起來非常好用。

百分百博得好感的聆聽技巧

11

善用傾聽魔法，你就是無敵的。

12 傾聽魔法① 表情

記得「先微笑」

「世界的共通語言不是英文，而是笑臉。」

因為工作的關係，我平時的興趣之一是寫金句。

邂逅敲響內心的字句，好比藝術愛好者遇上一幅好畫，能夠感動人心。

這是我在廣告上看見、自己非常喜歡的金句，因為真的就像這個句子寫得一樣。

笑臉能跨越國籍、使任何人感到安心自在，進而敞開心房、心靈相同，是最強的溝通技能。

反應美人善用的「傾聽魔法」裡最具代表的技術，就是笑臉。**隨時記住，和人初次見面時，要做的第一件事是微笑。**

「先微笑」的人，可以掌握對話中的心理主導權。

配合對方的表情聆聽

在表情上，第二個技巧是「配合對方的心情調整自己的表情」。

有些人能配合對方的節奏來說話，厲害的高手甚至連表情也能做到同步。

笑容雖然能帶給對方安心感，但若後面的談話內容很悲傷、需要思考等，聆聽者當然不能只會傻笑。

若是在對方痛苦時還繼續微笑，會使人覺得「他一點也不懂我的心情」。

配合對方來調整自己的表情，是在表達「我懂你的心情」。

因此，記得一定要配合對話內容來調整表情。

眼睛比嘴巴說得更多

表情的第三點是「眼神」。保持微笑固然重要，但是，人在說話的時候，會下意識地對上眼神。

眼神要怎麼調整？重點就在眉間！

接下來請一面讀，一面跟我練習做做看。

百分百
博得好感的
聆聽技巧

12

對話的時候，記得豐富自己的表情。

人在專注聆聽時，如果眉頭不小心用力，會變成嚴肅地皺眉。因此，微笑的時候，記得要放鬆眉頭。

想要表現「聽了對方的話，吃了一驚」時，只要把眉間往額頭上拉，眼睛就會自然地張大。

由於眼神的變化並不明顯，對方不見得接收得到，做的時候可以加強自己的反應，如此一來，就能豐富聆聽時的表情。

13 傾聽魔法② 點頭

點頭有強弱之分

我在前面提到過，給人安心感最好用的肢體語言就是點頭。
但是，我從小接受的教育並不重視「聆聽並且點頭」。
因此，「聽人說話＝毫無反應地靜靜聆聽」似乎成了世間的標準。
可是，任誰都能想起那個願意在自己說話時，一邊傾聽一邊點頭的人，所帶來的強烈安心感吧？點頭的力量不容小覷。

以下為你說明點頭的訣竅。

事實上，點頭也能確實地表達情感。

關鍵就在點頭的程度。

靈活運用點頭的程度，便能主導對方的話題。

請想像一下強、中、弱三種不同程度的點頭方式。

弱：頭不動，只輕點下巴。

中：整顆頭往下擺動。

強：脖子和頭先往背部拉，再深深地點下去。

平時用弱；對方話中帶有感情時用中；自己也大大贊同時用強。

跟一個勁的猛點頭相比，區分強、中、弱來點頭，能使對方說話時帶有節奏感。

「點頭」就好比交響樂團中的指揮棒。

用「帽帶理論」成為引導對方說話的天才

還有一個我在點頭時會一併運用的想像練習法。
我擅自將它命名為「帽帶理論」。

首先，想像自己的下巴上有一條帽帶。
接著，把對方的腦袋想像成有抽屜的櫃子。
你下巴上的帽帶，就綁在對方抽屜的把手上。
傷腦筋的是，這個抽屜設計成會自動關上，因此需要開開關關。
而你必須使用下巴開關抽屜。

好啦，感覺怎麼樣呢？

只要用力拉開抽屜，藏在櫃子裡的大量經驗和智慧，就會像吹泡泡一樣地飛出來！

對話的時候，養成這樣的聯想習慣，就會自然而然地點頭。

雖然只是想像練習，但請務必試試看。

百分百
博得好感的
聆聽技巧

13

在適當的時機點頭，
可以引導對方說出更多話。

14 傾聽魔法③ 姿勢

你用什麼姿勢聆聽呢？

聽人說話時，你的姿勢往往決定了對方的感覺，好的姿勢能為對方帶來安心感；不好的姿勢則會造成壓迫感與見外感。

我在第一章也提過，聆聽時盤起手臂、皺起眉頭、身體往後仰，或是向前方蹺腳等，都會給對方帶來不愉快的感受，使他越說越沒勁。

當人下意識地心想「少瞧不起我」、「快點說完好不好」時，很容易不小心把情緒流露在姿勢上。

如果想和對方來場愉快的對話，至少要稍稍把身體向前傾，製造良好的印象。

把身體朝向對方，對話就會熱絡起來

餐廳的吧檯座位是常見的對話場景。

與重要的對象單獨約吃飯、喝兩杯時，店家因為座位上的安排考量，常會帶位到吧檯席。

此時留意一件事，可幫助接下來的對話更加順利。

那就是**「把身體朝向對方」**。

由於女性在坐姿上較為不便，若能由男性主動把身體轉向，會讓人感到格外親切。

日文會說把「肚臍」朝向對方，但這只是一種聯想方式，重點在於**把身體轉過去，這是表達「敞開胸懷聆聽」的肢體語言。**

聽人說話時務必放下手機

就算稍微姿勢不正，也一定要傳達出「我有在聽」的氛圍，因此，有一點務必切記。

現代人的生活可說手機不離手，科技的進步使我們從私生活到工作領域都需要用到手機處理各種事。

但同時，手機也容易引發溝通問題。

當對方說得正起勁時，如果手機發出通知聲，很容易造成分心，甚至會讓對方產生「你沒有專心聽」的感受。

百分百
博得好感的
聆聽技巧
14

用好的姿勢聆聽，
你也會自然地敞開胸懷聆聽。

想和重要的對象好好談話時，一定要遵守禮儀，盡量把手機放在不會干擾對方的位置。

15 傾聽魔法④ 笑聲

不用逗人發笑，你只需要跟著一起笑

「如何逗人發笑？」有越來越多人提出這個問題，我想這跟日本當代重要的電視文化——搞笑藝人主持的綜藝節目有關。

「不想些搞笑梗，會被當成無聊的人。」

「不說笑話會被晾在一邊。」

尤其對男性來說，「有不有趣」已經是一種約定俗成的壓力。

老實說吧。

在對話上，不需要特別費心搞笑。

你該關注的不是「如何讓對方笑」，而是「如何用笑聲予以回應」。

這年頭，人最需要的是什麼呢？

我想你已經知道了，是的，就是我反覆提起的「安心感」。當然，你一定認識幾個天生很會搞笑的人，但從長遠的角度來想，如果每次見面都必須搞笑、彼此嘻嘻哈哈，久了誰都會累吧。

「真有趣！」是最大的共鳴

提升「共感力」在接下來的時代和對話上會更顯重要。

我已在前面列舉不少使人安心的肢體語言，**事實上，「聆聽並發出笑**

聲」同樣能為對方帶來安心感。

我們不是搞笑藝人。

搞笑藝人提供的笑料，如同餐廳提供的美味餐點，是一項專業服務，而我們只是一般人。

一般人要使人發笑，需要相當的技術與洞察力，平時還要蒐集各種搞笑梗來當素材，並且經過訓練才能做到。

與其勞心勞力去做這些畫虎不成反類犬的事情，我們不如用更簡單的方式——「跟著笑出來」來表達共鳴，能達到更好的效果。

聆聽反應優秀的人，都很擅長「跟著笑出來」。

他們能夠配合對方的話題，在良好的時機點頭表示共鳴，並且因為對方說的小事情大聲地笑出來。

百分百
博得好感的
聆聽技巧

15

人會對聽自己說話會發出笑聲的人產生好感。

16 傾聽魔法⑤ 讚嘆（稱讚＋感嘆）

聆聽專家愛用的「擴充式對話法」

我在前著《共感對話》裡介紹過「擴充式對話法」。

這是不用自己開話題、藉由擴充對方丟來的話題延續對話的技巧。

「擴充式對話法」由五個項目構成，分別是：

一、感嘆；二、重複；三、共鳴；四、稱讚；五、提問。

以上每一項都很重要。

但這次介紹的「傾聽魔法」裡，特別能讓對方敞開心房的項目是「稱讚加上感嘆」的組合。

稱讚＋感嘆，簡稱「讚嘆」。

此處的「讚嘆」不是我一廂情願提出的，而是我在說話課的演練講座上，結合客戶的意見得出的兩組關鍵字。

反應有五成靠「讚嘆」

感嘆是對別人的話表達驚訝的聆聽方式。

舉例來說，就是「哇」、「是喔」、「唉」、「哦」、「天哪」等感嘆語。

我們平時就會在無意識之間說出這些話。

稱讚則是誇讚對方的字句。

像是「好強」、「很棒耶」、「好讚啊」等等。

傾聽魔法會將兩者搭配使用。

「我最近升官了。」→「哇，很棒耶！太好了！」

「我最近開始養狗了。」→「哦，狗狗嗎？好好喔，狗狗很可愛！」

「我們今天去某某餐廳吧。」→「天哪，好開心！你記得我說過想去對不對？真厲害。」

大概就是這種感覺，用綜合在一起的驚嘆及稱讚回應對方。

練習的時候，請用「好像有點過頭」的程度試試看。

傾聽魔法中最重要的就是「讚嘆」。

「讚嘆」用得好不好，會直接影響對方說得起不起勁。

反應美人的對話常常由「讚嘆力」展開。

一言以蔽之，傾聽魔法是……

表情、點頭、姿勢、笑聲，以及讚嘆。

善用以上五點自然地與人對話，便能讓人自動愛上你——這就是傾聽魔法。

如果對方這樣說：「我想豁出去創業。」

你可以施展如下傾聽魔法：

把身體稍微向前傾（姿勢），一邊點頭（點頭）一邊展露笑容（表情），接著說「哦哦！（感嘆）好耶！（稱讚）這不是很棒嗎？（稱讚）哈哈（笑聲），嗯，你果然很厲害（稱讚），這要很有勇氣才能做到（稱讚），我一定會替你加油！」

就是這麼簡單。

丟出這套最強組合，對方一定會覺得「跟他說真是太好了」。

以上就是傾聽魔法的精髓，每一項分開說明，你可能會覺得有點多、好複雜。

但是，真的做的時候，你會發現拆開來單獨使用比較難。

剛開始練習時，想要一氣呵成可能會忽然卡住，但是等你練順了、化作習慣之後，就會覺得組合在一起比較簡單。

妥善運用驚嘆及稱讚來回應對方，能直接改變對方接下來的說話內容。

百分百
博得好感的
聆聽技巧

16

善用「讚嘆」聆聽，可使接下來的對話更加熱烈。

受歡迎的人愛用的「傾聽魔法」

①表情

你好。
你好。

②點頭

貴賓犬
很可愛耶。
就是說啊～

③姿勢

我想找你
商量……
今天整晚
都聽你說。

④笑聲

當時還發生了
那件事。
太好笑了！

⑤讚嘆（稱讚＋感嘆）

我升官了。
哇！
太強了！
恭喜你♪

17 「傾聽魔法」有用有加分

有人認為聆聽很難，也有人覺得很簡單

寫完說話術的書（《共感對話》）後，我決定再寫一本聆聽術的書。企劃定案後，我開始到處問人做調查，發現人們各自有不同的反應。從中我了解一件事：「原來說到『聆聽』，大家的想法都不太一樣啊！」

有人會說：「聆聽方式真的很重要，但要做得貼心到位很困難。」

也有人說：「聽人說話比較輕鬆也比較簡單，跟說話相比一點也不難，我喜歡。」

兩者的差異提起了我的興趣。

這只是我自己打聽的結果，採樣數並不多，但巧的是，表示「困難」的人以男性壓倒性居多，說「簡單」的則是女性比較多。

男性與女性在溝通意識上的不同

對此我只想到一個原因。

男性因為常被女性問：「欸，你有沒有在聽？」所以經常思考反省自己的聆聽態度，覺得聆聽是很有學問的一件事。

相反地，女性在人際互動上較為頻繁，也較常受到過去的失敗經驗影響，變得討厭開口。

我雖然是男性，但是詢問我的意見，我會回答「聆聽比較簡單」。「聆聽」真的一點都不難，只要用短短幾句話組合搭配就行了。

用這套傾聽魔法，你一定會驚訝地發現：

「要讓對方高興，原來這麼簡單！」

因為現代社會上仍有許多不擅長聆聽的人，先學起來的人會更顯珍貴。

願意使用傾聽魔法的人，就能搶得先機。

百分百
博得好感的
聆聽技巧

17

不需要把「聆聽」這件事想得太複雜。

18 「聆聽方法」可以改變九成人生

傾聽魔法是從打瞌睡來的

傾聽魔法。

這名詞聽起來好像很厲害，彷彿會有精靈從神燈裡冒出來，事實上，這些招數是從我很糟糕的壞習慣得來的。

有些人讀到這裡，可能會認真思考「好難喔」、「我之前都在幹嘛」，因此陷入反省，所以，我想在此揭露傾聽魔法的誕生內幕。

看完之後，你會一掃陰霾，心想：

「連這種人都做得到，我一定也可以！」

距今二十五年前，我從九州到東京打拚，結果非但沒有去上大學，還終日遊手好閒，當時，一家出版社的社長收留了我。

那家出版社叫「Office 2020」，代表人是緒方知行先生。

他既是出版社的社長，本身也是書籍作者，寫作之餘亦兼顧公司的演講事業。因為他是作家，我都尊稱他為「緒方老師」，接下來我也會在書中如此稱呼他。

當時二十二歲、重考過的我還是一名學生，以出版社工讀生的身分替緒方老師提包包，並且在公司的演講事業部打雜。

在老師的人脈牽線下，「Office 2020」的演講辦得有聲有色，常請到企業巨頭來演講。

可惜，當時二十二歲的我，完全不懂那些演講的含金量有多高。

不僅如此，由於演講內容常摻雜一些商業用語和企業人士在用的英文，我光聽就一個頭兩個大，根本聽不出其中的價值。

因此，我常一不留神，就在聽講當中睡著了。

突如其來的任務

當時流行染髮，我也受到影響，留著一頭黃毛長髮。

我雖然是打工仔，但也勉強算是演講事業部的一員，自然無法像高中生一樣，光明正大地趴在桌上睡覺。

我會坐在位子上，為了不讓自己睡著，努力左右擺動脖子，發出喀啦喀啦的聲音。在清一色都是黑髮上班族的辦公空間裡，有一名染頭髮的年輕人坐在後面動來動去，當然很顯眼，很快地，有講者向緒方老師反應，回到總公司以後，我經常挨罵。

大概是上面真的忍無可忍，終於有一天，緒方老師交給我一個重大任務。

他要我**「坐在第一排中間聽講」**，辦不到就別想領打工費，我只能硬著頭皮上了。交付任務時，老師還下達了幾個命令：

「茂久啊，聽好了，總之要一邊聽、一邊微笑點頭。」

「老師，如果我都聽不懂演講內容該怎麼辦？」

「聽不懂也沒關係，記得保持微笑、一邊點頭，知道嗎？」

「好吧，我會努力。」

「還有第二點，你要拚命做筆記。」

「聽不懂也要寫嗎？」

「對，不知道先寫下來，之後自己去查，做筆記的學習態度很重要。」

「好吧。」

「還有第三點，如果講師說了比較有趣的話題，你不用在意旁邊的人，儘管大聲笑出來，有點誇張也沒關係。」

「只有我笑也沒關係嗎？」

「你在意旁人的眼光嗎？」

「不，那倒是還好，第三點對我來說最容易。」

於是，我開始了奇妙的打工生活：舉辦演講時要坐在第一排中間，一邊微笑一邊做筆記，有時還會誇張大笑。

即使聽不懂演講內容，我還是遵照老師的吩咐，拚命抄筆記，然後終於有前輩說：

「一堆黑毛裡面，只有一個黃毛的拚命點頭，超級顯眼！不過，幸好『打瞌睡的搖頭晃腦』變成『專心點頭』了。」

儘管不知是褒是貶，但總算有了不一樣的聲音。

大老闆們指名要找的染髮打工仔

坐在第一排中間聽講的任務開始沒多久，發生了奇妙的事情。演講的大老闆開始對著我講話，而且每次都是。

回過神來，竟然有大老闆向緒方老師提出奇怪的邀請：

「可以把那個黃毛小子借來給我當聽眾嗎？有他在特別好講話。」

緒方老師也四處跟大老闆們說：「我們家有個奇怪的年輕人，很受講者歡迎。」其他老闆聽了也產生興趣，我接獲特別命令，除了要在演講台下點頭，當緒方老師要去採訪大老闆時，也會帶著我一起去，我負責在旁邊當「點頭助理」。從此以後，我跟著老師到處走，眼界大開。

拜此所賜，我雖然還是個學生，卻受到各家老闆疼愛關照，結下了許多厲害又珍貴的良緣。

有了這些體驗後，我對於演講也產生了不一樣的想法。

我直覺地認為：

演講、講座不是「學習聽講」的地方。

而是「拚命點頭，跟講師們交朋友」的地方。

要做的只有一邊點頭、一邊仔細聽對方說話。

這是每個人都能做到的簡單回應，養成這個小習慣後，得到的回饋將無以計數。

以上就是從打瞌睡中誕生的「傾聽魔法」。

百分百
博得好感的
聆聽技巧

18

磨練「點頭聆聽」的技術，可以獲得超乎想像的成長及邂逅。

磨練「聆聽力」比磨練「說話力」要簡單太多，而且能讓對方開心。

我相信，能讓對方和自己都感到幸福的最強魔法，就是傾聽魔法。

第三章

不被討厭的聆聽方式

19 溝通之前，要先「不被討厭」

敞開心房是有順序的

首先要謝謝你看完前章介紹的「傾聽魔法」。

在一般的情況下，介紹完一套方法後，我應該要補充細節，告訴大家：

「好啦，我們繼續學進階版的討喜聆聽法吧。」

但是，與人對話時，千萬不能忘掉我一再強調的事：

「每個人一定都懷抱著一絲不安，別急著用話語博得對方的好感，記得要先消除那股不安。」

就是這麼一回事。

人在不安的狀態下無法敞開心房。因此，要做的第一步是「化不安為安心」。

與人展開對話前，有一點很重要：

「想要博得好感，要先不被討厭。」

我們必須讓對方覺得「這個人不會給我帶來壓力，好像可以跟他說」。

活到這麼大，我也接觸過形形色色的人。

其中也有我覺得很可惜的人，例如：「這個人怎麼第一次見面，就不好好聽人說話呢？」

一旦讓一個本來戒心就強的人加倍緊閉心門，之後要再撬開這扇門，讓他喜歡上你，可得花上好幾倍的工夫才行。

北風的說話方式，太陽的聆聽方法

大家應該都聽過一個有名的寓言故事，《北風與太陽》。

一天，北風對太陽說：「我們來比賽誰先脫下旅人的衣服吧！」

北風用盡了全力呼呼地吹，結果非但沒有吹跑旅人的衣服，旅人還把外套拉得更緊。

太陽則用暖暖的陽光照耀旅人，旅人感到溫暖之後，便自動脫下外套。比賽由太陽獲勝。

這就是故事大綱。

《北風與太陽》的例子也能應用在人與人的交流上。

旅人就是你眼前的交流對象。

北風型的人喜歡拚命說話，把自己的想法灌輸給別人。

太陽型的人會先仔細聽對方說話，用真誠的態度溫暖地包覆對方。

哪邊比較容易敞開心房呢？答案很簡單吧。

能放鬆說話的地方才有人潮聚集

「萬物都是為了追求幸福而活。」

這是我很重視的想法。

重新看一遍，會發現這句話能套用在許多地方，真是至理名言。

你也許會想：「這不是理所當然的嗎？」

但是，就連這麼簡單的一件事，也很容易被人忽略。

人常常忘記別人的心情，只顧著說自己的，因此使別人受傷。

別忘了，你在追求幸福，別人也在追求幸福。

所以，人會自動遠離那些一直傷害自己、否定自己的人。

他們會接近那些「能把自己的心帶往明亮的方向、願意同理自己、接納自己、好好聽自己說話的人」。

日常對話是最基本的溝通場合，沒有人想往壓力大的地方跳。

工作是一回事，但論及私生活，沒有人想跟難說話的人相處。

想要討人喜歡，記得先給予對方安心感、消除對方的不安。

與其思考「該做什麼事」，更要顧及「什麼不該做」。

為了避免在人際上吃悶虧，本書為你整理了九個聆聽時勿踩的雷點。

本章的主旨就是「聆聽時有什麼雷不要踩」。

下面依序為你介紹。

百分百
博得好感的
聆聽技巧

19

願意好好聽、不隨便否定別人的人，
才有好人緣。

要先做到「不被討厭」才能討人喜歡

人會遠離老想否定自己的人
就說不行吧。
你辦不到啦！
反正一定會失敗。
好煩喔……
又被打槍了……
不想跟他說了……
人會接近願意溫暖接納自己的人
好棒的點子！
聽起來很棒呀！
哦！還好你有想到！好厲害！
每次都被稱讚。
好開心喔♪
和他在一起能積極向前！

要先給予安心感、消除對方的不安。

20 不被討厭的聆聽方式①
不要否定不一樣的聲音

盡量別說「你搞錯了」

每個人都擁有不同的價值觀。

活在資訊超載的時代，獲得知識的方式比起從前輕鬆簡單，資訊的大量湧入，意味著你將接觸到各種不同的價值觀。

因此，有很多時候覺得「你搞錯了」也是正常的。

接受不同的價值觀本來就不容易。

我相信此時此刻的日本仍跟從前一樣，到處充斥著老闆對員工、父母對孩子、前輩對後輩的單方面指責。

如果把自己認為的「常識」當成「一般人都該知道的常識」，當你遇到不一樣的價值觀時，很容易會出聲指責：「你搞錯了！」

但除非對方的觀念真的會造成危險，否則並不需要說「你搞錯了」。

比較好的說法是：

「和我不一樣。」

你不希望自己重視的價值觀被否定，別人當然也一樣。

百分百
博得好感的
聆聽技巧

20

不要隨便否定別人，要理解別人有不同的價值觀。

21 不被討厭的聆聽方式②
不要把自己的觀念強加於人

留意講道理的方式

世界上有許多道理。
但是太愛講道理，會讓別人有被否定的感覺。
一旦覺得被否定，就不會想跟你說話了。
過分講道理，即便你說的都是正確的，也會引起別人的反彈。

因此，我們應該先好好聽對方說話，從了解別人的思考方式和心情開始。

特別需要注意的場合是酒聚。

就算平時多麼小心理智，也有可能因為喝了酒、情緒一嗨，不小心流露本性。

在酒醉時接觸到不同的價值觀，很容易變得好辯，搞壞了人際關係。

生而為人，我們要先好好尊重別人，彼此才能建立良好的關係。

在一般的溝通場合，「我來好好地教教他」、「我要矯正他錯誤的想法」，這些作法都是不智之舉。

只有一種時候，可以盡情表達自己的想法。

就是當對方主動問你：「你怎麼想？」的時候。

不過，表達即可，不需要強迫別人也接受。

你可以說：

「我是這樣想的。」

「換作是我，這時候會這樣處理。」

如此這般，稍微表達自己的立場及想法就可以了。

對方如何解讀、如何抉擇，那是他自己的課題。

自己按照自己的價值觀而活。

別人按照別人的價值觀而活。

請遵守這個原則。

百分百
博得好感的
聆聽技巧

21

人際關係沒有「越正確越順利」這回事。

22 不被討厭的聆聽方式③ 不和說話的人競賽

不要對別人說的話發表高見

在某個意義上，聆聽比說話更講求器量。

人或多或少都會下意識地想要贏過別人。

在我的印象裡，尤其男性特別容易這樣。

硬要發表高見、故意使用別人聽不懂的專業術語及外來語……這種人所在多有。

如果是業界人士的聚會場合則另當別論，但是若連日常對話都要套用一些專有名詞，刻意表現得高人一等、不顧聽者的感受、不在意別人聽不聽得懂，這樣真的很扣分，請盡量避免。

因為，別人只會覺得「這個人說話好難懂、好無聊」，並不會產生「哇！你懂好多，好厲害喔」的想法。

聆聽時，切記不要表現得「自己比較懂」，更不要奪走別人的發話權、改講自己的事情。

誰也不想被說「那個人真會搶話」，對吧？

百分百
博得好感的
聆聽技巧

22

不要搶走別人的話題，
還想表現得比別人厲害。

23 不被討厭的聆聽方式④ 不急著得到結論

日常對話要的不是結論

有人擅長說話，也有人不擅長說話。

每個人的說話能力是不一樣的。

舉例來說，有人擅長用說的把內心的想法表達清楚，有人擅長說話逗人笑；同樣地，也有人不擅長說話，說了半天還是詞不達意。

這跟有人擅長跑步、有人不擅長跑步；有人擅長讀書、有人不擅長讀書是相同道理。

在日常生活的人際上，若是遇到不擅長說話的人，也要留意一件事。千萬不要急著想得到結論，更不要在臉上露出「你到底想說什麼？」的厭煩表情。

一旦用「簡單來說」、「重點就是」等自己的方式來幫別人下結論，會讓不擅長說話的人加倍不知所措。

日常對話大可以放輕鬆一點，不用說得句句到位。

不過，如果換做職場上呢？

你正忙著趕手邊的工作。

此時，不擅長說話的下屬來找你商量事情。

這位下屬平時說話就沒有重點，常常一說就停不下來，屬於耗時間的類型。

在此提供一個解決時間問題的好方法：**開宗明義地告訴對方，自己有幾分鐘可以聽。**

例如：

「我還有三十分鐘，我先用十五分鐘把事情做完，你可以先等我一下嗎？」

如此一來，對方心裡就會大概有個底「我有十五分鐘可以說」。

如果這樣還是說不完，可以用比較軟性的方式提醒：

「你希望表達什麼呢？」

需要小心避免的句型是：

「所以，你到底想說什麼？」

「我很忙，直接告訴我結論吧。」

因為這樣會給對方造成壓力。

百分百
博得好感的
聆聽技巧

23

不要逼迫，
或對本來就不擅長說重點的人施加壓力。

每個人都有不擅長的事情。
請把這件事放在心裡，和部下一起慢慢成長吧。

24

不被討厭的聆聽方式⑤ 不要劈頭說答案和解決對策

答案自在人心

有人來找你商量事情時，如果你劈頭就說：

「這樣做不就解決了嗎？」

我想接下來，整個話題的走向通常都不會是太好的結果。

當然，對方是想解決問題才來找你商量，但多數時候，別人只是希望你

「了解他的心情」。

事實上，他的心中早就知道該怎麼做，只是希望聽你說聲「沒事」，並且推他一把。

這種時候，要做的不是告訴他「該怎麼做」，用問的會更有效。

有一個問法很容易讓人找到答案，那就是：

「怎麼做你會比較開心？」

乍聽之下，這句話跟「你想怎麼做？」很相似，其實不一樣。

「怎麼做你會比較開心？」問的是心情；「你想怎麼做？」問的是期望。

和期望相比，人更容易表達心情。

藉由詢問：「怎麼做你會比較開心？」人會從心中找到自己真正想做的事及期望的方向。

如此一來，就不是受人命令交出解決對策，而是自行從心中找出答案。

尤其面對重要的對象時，一定要把這件事放在心上，仔細聽他怎麼說。
例如，當你成為父母、當上主管時，或是想為重要的人帶來指引時。
很多時候，人會出於關愛，而把自己的答案強加於人。
請忍住這股心情，聆聽煩惱時，切記只能扮演協助的角色。
當事者真正的心情，要由當事者自行發現。

百分百
博得好感的
聆聽技巧

24

請用陪伴的心情聆聽，由當事者自己找到解答。

25 不被討厭的聆聽方式⑥ 不聒噪、不岔題

不要問跟話題無關的事

「跟你說，我遇到了那件事，所以變成這樣了。」

面對這樣的句子，請不要中途岔題：「啊，跟你聊件其他的。」

想要更換話題時，請等別人好好把整件事情說完再提。

說話的人在鋪陳的時候，都有自己想說的故事。

如果故事還沒說完就突然被岔題，雖不至於難過想哭，但心中也會悄悄感到落寞沮喪。

別人正愉快地跟你分享他的話題時，請善用第二章教的「傾聽魔法」，好好順著對方的話題擴充對話吧。

當然，你也會有想說話的時候。

但是，本書的主題是「聆聽」，所以我必須再次提醒：

盡量不要打斷別人的話題。

如果還是很想說、不吐不快，不妨先丟個發語詞：

「這樣啊……」

「是啊。」

「嗯、嗯！」

然後再切換話題：

「聽你說了之後，我想到……」

「方便打岔問你嗎？」

像這樣，請順著話題做轉折或是提問。

還有另一個技巧也很好用，那就是：

盡量不用「可是」當接續詞。

「可是」的後面接的往往是反面的內容。

請看以下例句：

「我是這麼想的。」

「可是，那樣不對吧？」

「我想這麼做。」

「可是，那樣很危險喔。」

看得出來吧？

「可是」若是用太多，彼此間的交流會出現障礙。與人聊天時，請把「盡量不用可是」這個原則放在心上，使對方更容易順暢表達。

百分百
博得好感的
聆聽技巧

25

請順著對方腦中的腳本來拓展話題。

26 不被討厭的聆聽方式⑦ 不隨便吐槽

盡量不用負面言詞

在搞笑的領域有所謂的「裝傻」和「吐槽」。

只有當雙方都很擅長說話，而且默契良好時，「裝傻」和「吐槽」才會有趣。

但是，一般人並不擅長應付吐槽，被吐槽之後，往往不知該如何回應。

會因為跟不上話題節奏而感到落寞的人，絕對比你所想的還要多。

人心比想像中還要脆弱，一句無心的吐槽和碎唸，很可能造成對話上的陰影。

尤其**對才剛認識不久的人，千萬不要使用負面言詞來吐槽！**

例如：

「你是笨蛋是不是？」

「笑點在哪裡？」

「弄錯了吧！」

「聽不懂你想說什麼。」

就是這類句子。要知道，不是所有人都對說話充滿自信，我認為不擅長說話的人占了多數，你自以為幽默的一句無心吐槽，很可能使對方對你的印象大打折扣。

百分百
博得好感的
聆聽技巧

26

平時就要多留意，盡量不用帶有負面感的用語。

27 不被討厭的聆聽方式⑧ 不過度干涉

誰都不想被其他人指指點點

這是許多媽媽最容易犯的毛病，人在關心親愛的家人朋友時，特別容易不小心問東問西。

無論是你的小孩、你的伴侶，還是你的朋友，只要是人，一定都有一、兩件事不想告訴別人。

不管對方是多麼重要、多麼親近的對象，這都是不能碰觸的「黑盒子」，也是人際關係的基本禮儀。

我明白那種「因為對方很重要，所以想了解」的心情。

但是，如果你不顧別人的心情一直問：

「你今天幾點回來？」

「你現在在哪裡？」

「你今天一整天都在做什麼？」

「為什麼都不告訴我？」

這些連珠砲似的問題，會讓對方有一種被偵訊的感受，自然會關緊心門。

這時候，比起咄咄逼人，還有更好的回答方式，像是：

「你今天比較晚回來，我很擔心你耶，不要累壞了喔。」

「如果你能這樣做，我會很開心。」

百分百
博得好感的
聆聽技巧
27

問得越多，對方越會緊緊閉上心房。

「我想幫上你的忙，如果有事情想找我商量，隨時歡迎。」

如此這般，不是朝著對方丟問題，而是適度表達自己的心情。

人心是奇妙的東西。

被問問題會不想回答，但是聽到對方的心情，態度就會軟化：

「抱歉，我應該先跟你說一聲的。」

無論如何，越是重要的對象，越要拿捏好溝通相處的距離。

28 不被討厭的聆聽方式⑨ 絕對不能把「關起門來說的事」說出去

記得聽完就忘

人都會有一種想與他人共享祕密的心理。

最常見的句子就是：「不要說出去喔……」

只要聽到這句開頭，我就會嚴格叮嚀自己：

切記聽完就忘，當作沒這回事。

從小家父便時常把這句話掛在嘴邊：

「男人一定要聽完就忘，沒有關起門來說這回事，無論門裡門外，都要聽完就忘，口風不緊的男人一文不值！」

如今回想起來，還真像硬派九州男兒會說的話。年少輕狂時，我還無法參透，也有過幾次失敗的經驗。

但是，這條訓誡放在人際關係裡面，實在太管用了。

人在獨自承受煩惱時，一定都想找人訴苦，這不是壞事。

不過，站在聆聽的一方，記得時時提醒自己：

「這件事到我這裡為止。」

一旦不小心說溜嘴，恐造成意想不到的連鎖反應，內容可能會越傳越誇張，最後傳回煩惱的當事人耳裡。

這種時候，人總是自私的。

聽到事情傳了出去，對方會對你失去信任感。

百分百
博得好感的
聆聽技巧

28

當一個守得住祕密的人。

相反地，只要你能好好守住祕密，別人就會對你產生信任感與安心感。

「關起門來說的事」千萬不要帶出去，就讓它在你這邊結束吧。

這麼做也能保障你自身的安全。

聆聽達人「不做」這些事

①不否定

你的想法有問題！

②不強迫

社會人士就該這麼做！

③不競爭

上週爆紅的店……
啊！我知道那家店！

④不催促

可以先說結論嗎？

⑤不解答

……因為所以，真的糟透了。
這麼做不就解決了嗎？為何不做？

⑥不搶話

那個，我岔題一下……

⑦不吐槽

你活該！

⑧不干涉

你剛剛去哪裡？
跟誰去？
做了什麼？

⑨不鬆口

嘻嘻嘻，「關起門來說」……

第四章

使人「還想再約」的聆聽方式

29

聆聽要求「心理素質」，而非「外在技巧」

無法專心聽不是方法出了問題，而是心態需要調整

「聽人說話真的好難，我要好好練習聆聽的技巧。」

這句話時有耳聞。

事實上，聽人說話整體講求的不是技術，而是心理素質，也就是你的心要如何看待。

人通常願意去聽那些擁有實力、打好關係之後能為自己帶來方便——簡單來說，就是那些能替自己帶來好處的人說話。

然而，聆聽真正的精神在於，能不能仔細聽那些沒有利害關係、乍看無法為自己帶來好處的人說話。

我們也可以從另一個角度來想：那些有權有勢的人，平時就有很多人去拍馬屁。

他們早就習慣有人專心聽自己說話了。

因此，就算多一、兩個人專心聽，他們也沒有太大的感覺。

相反地，那些沒權沒勢的人，會因為你願意仔細聽他說話而大為感動。

對任何立場的人都要懷抱「敬意」聆聽

人活在世上，自然會擁有各種感覺。

活著就是要去感受、面對各種事物。

無論是老年人還是幼童皆是如此。

因此，當我們面對其他人的時候，要因為「這件事和我沒關係」而一臉無趣地聆聽呢？還是要設身處地專心聽呢？別人對你的印象，取決於你想怎麼做，這也會對你的人際和社會能力造成很大的影響。

只要是人都有感覺，不會因為社會地位或性別、年齡而有所不同。

我們必須意識到這一點，不管眼前面對的是誰，都要抱持敬意專心聆聽。

唯有當你專注聆聽、接納不同的聲音，無論話題是什麼，一定都能從中得到助益。

帶上「好奇心」

長大成人之後，我們很容易忘記一件重要的事。

那就是**好奇心**。

人在小時候就像一張白紙，無論遇見什麼、知道了什麼，都處處充滿驚奇和感動。

然而，經歷了各種事情以後，我們雖然看見了許多東西，視野卻變得益發狹小，容易先入為主地認為「反正就是怎樣怎樣」。

這是相當可惜的一件事。

世上還存有許多我們不知道的事物。

身分地位再高的人，一定都有一、兩個不熟悉的領域。

如果不肯聽別人說，自己的見識就會越來越狹窄。

我很肯定，現在圍繞在我們身邊的事物，幾乎都是我們不認識的人所創造出來的。

仔細觀察就會發現，每一件商品裡都蘊含了心意。

時時刻刻在日常生活中發現微小的事物，人生會變得更有趣。

只要帶上好奇心，再小的發現都能為你帶來重大意義，例如：

「他現在想傳達的意思是什麼呢？」

「他現在是抱著怎樣的心情在說話呢？」

能夠設身處地聆聽的人，遇見多少人，就能學到多少東西。

百分百
博得好感的
聆聽技巧

29

無論是誰，一定都擁有閃閃發光的鑽石，值得你去發掘。

感動人心的聆聽方法

①聆聽時要抱持敬意

②聆聽時要帶上好奇心

你知道嗎？
「黃醫生」指的是
新幹線的醫生喔！
是喔！
我都不知道！
原來是指
新幹線的醫生啊。
真有趣呢♪
還有其他的嗎？
他竟然這麼
認真聽我說！
我日前入圍了
高爾夫大賽！
他是抱著
怎樣的心情
告訴我的呢？
他想要表達
什麼意思呢？
哇——！
好厲害！
恭喜你♪
好崇拜
會打高爾夫
的人♡

感動指數UP！

30 聽「心情」比聽內容重要

敞開心房的關鍵字

無論是誰，都不想被否定。
沒有人被否定還會感到高興。
如果可以，人都想被理解、得到別人的共鳴。
然而，生活在形形色色的人群之中，不少人會選擇隱藏自己，沒有辦法直接地表達需求。

不是所有人都擅長溝通的。

但是，即使是不擅長溝通的人，只要能敞開心房，一定也有鑽石級的啟示能與你分享。

那麼，我們該如何讓人敞開心房呢？

在什麼時機下，人會安心地道出自己的想法呢？

那就是認為「這個人懂我！」、覺得對方能和自己產生共鳴的時候。

覺得被理解，人才會慢慢卸下防備。

有個關鍵字能使對方敞開心房。

「沒錯沒錯，我懂！」

就是這句話。

此外還有：

「我遇到了這種事。」

「原來是這樣，真辛苦。」

別人來向你傾訴煩惱時，你若能先表達共鳴，會讓對方暗吃一驚：

「咦？他好像願意聽我說耶……不行不行！這麼簡單就卸下心防，誰知道會不會被騙。」

像這樣，對方雖然會注意到你，但不會立刻消除戒心。

有人對於人際對話懷有恐懼和陰影。

有人過去曾被信任的人所傷。

有人從小被否定到大。

有人的煩惱曾經被取笑。

曾因別人的無心之言受到傷害的人，會害怕對人敞開心胸。

換個說法，也許人人都是如此。

了解這一點、多為別人的心情著想，就能慢慢融化對方的心。

只要把這件事放在心裡，你自然會說出：

「沒錯沒錯，我懂。」

「嗯！我懂、我懂。」

當你開始說出這些關鍵字，對方的內心便會產生如下變化：

「咦？好安心。」

←

「真放鬆啊，我再多說一些吧！」

←

「謝謝你願意聽我說這麼多，印象超好，下次再約！」

使人漸漸敞開心房的話語，就是用「沒錯沒錯，我懂」來表達共鳴。

百分百
博得好感的
聆聽技巧
30

用最強共鳴句「沒錯沒錯，我懂」走進對方的心。

多替對方的「心情」著想

工作又累又忙……
聽內容的人
具體來說是多忙？
你有循序漸進安排進度嗎？
不為對方的心情著想，戒心會飆升至MAX！
工作又累又忙……
聽心情的人
沒錯沒錯，我懂。
山田，你連續加班好幾天，一定很辛苦。
為對方的心情著想，人就會敞開心房。

31 線上討論時，聆聽方法決定了一切

線上討論是溝通的新型態

新冠病毒的出現，在歷史上大大改變了我們的生活。
其中又以商業及溝通模式出現重大變革。
疫情時代造就了「線上會議的誕生」。
在人與人無法實際見面的當下，線上會議逐漸成為世界主流。

這些線上工具也促成了許多溝通的橋樑。

如果沒有這些管道，也許人類早已被疫情給擊敗了，我很感謝這些新工具的問世。

不難想見，今後還會有大量新工具陸續推出。

想必大家現在都有使用線上工具的習慣，因此，本節的重點便放在線上會議的溝通技巧。

線上討論比當面溝通更注重聆聽力

「疫情使得遠端連線的機會增加，連出門移動的時間都省下來，與人交流變得更輕鬆了♪」

老實說，我心裡面也是這麼想，但是從商業的角度來看，遠端其實藏著一個重大隱憂。

舉例來說，我本來以為我在二〇一九年出版、買氣不錯的《共感對話》會「再也賣不動」。

我以為人與人溝通的機會只會越來越少。

值得慶幸的是，疫情開始後，《共感對話》竟然越賣越好，趕跑了我的擔憂。

「為什麼呢？」

我雖然又驚又喜，卻也感到納悶。

許多讀者接著告訴我：「《共感對話》用在線上會議也很有效！」

老實說，我在二〇二〇年五月之前，幾乎沒用過多人線上語音軟體。

但緊接著，我們公司內部也開始使用線上軟體開會，我總算明白讀者的意思了。

從溝通書的作者角度來看，線上會議比在公司開會更講求溝通能力。

線上的所有人都在觀看你的聆聽方式

首先，傳統的演講、課程講座，或是辦公室會議，基本上都是由一位講者對多位聽眾的形式所構成。

這種時候，由於講者多半是專家，或是習於在人前說話的人，他們在線上的表現也不會有太大的改變；然而聽眾這一方可就不一樣了，從前他們幾乎不需要做出表情。

然而，線上會議可沒有這麼好混，依照設定，有時所有參加者都需要露臉，聽眾的表情也無所遁形。

「他聽得好認真啊。」

「啊，這個人不擅長聆聽。」

沒錯，印象分數一秒定生死。

對本來就擅長說話的人來說，面對鏡頭幾乎沒有影響，因為一樣是對著人說話，只是地點從現場換成了自家。

對聆聽方來說，可就不簡單了。

因為，自己究竟用什麼表情聽人說話，會被所有人看得一清二楚，線上會議就是如此考驗「聆聽力」的場合。

百分百
博得好感的
聆聽技巧

31

線上會議，九成要靠「聆聽力」。

線上會議也是九成靠聆聽

線上會議更需要發揮「聆聽力」！

32 使線上對話氣氛融洽的三個訣竅

制定發話守則能讓氣氛變好

不擅長說話的人其實相當多，即使如此，線上討論依然需要開口。

對不習慣在人前說話的人來說，這是令人害怕的設計。

其他人的反應就像他們的救命繩。

換句話說，**「毫無反應」等於是對掉下懸崖的人見死不救。**

因此，發話者在精神層面上，會把「沒反應」解讀為「惡意」。

反過來說，願意點頭聆聽的人，就像「地獄裡的活菩薩」。

如同我在第一章尾聲所寫的，我善用在餐廳「向陽之家」的帶隊經驗，制定了幾條公司內部會議和群組的發話守則。

方式和「向陽之家」的會議及早會規矩幾乎相同。

雖然又是老王賣瓜，但我可以拍胸脯保證：「別人家的線上會議空間，絕對沒有我們家的輕鬆好聊！」

好，我制定的規則究竟是什麼呢？

那就是：

一、禁止否定；

二、傾聽魔法；

三、三倍反應。

就是這三個！

沒錯，這是體恤發話者才有的規則。

只要先明定守則，就能讓參加者知道「哦，原來這裡走這種路線！」，用輕鬆的心情與會討論。

請用實際見面的心態面對線上討論

「我不喜歡線上軟體，可以不開鏡頭嗎？」

「我沒化妝，可以不露臉嗎？」

遇到這種要求，請鄭重地婉拒，請他們看錄影回放。

如果沒有錄影功能，就請他們好好準備再來參加。

這樣才能徹底保障認真參加的人，有一個最舒服的對話空間。

說起來，參加會議卻不開鏡頭，就像在公司的會議室說：

「我要躲在櫃子裡聽。」

「我只想聽，可以躲在窗簾後面嗎？不用顧慮我喔。」

這樣非但不低調，反而令人很在意，不是嗎？

即使是線上討論，也請拿出參加實體會議的態度，跟大家一起維護最舒適的說話空間。

使用遠端工具，不用出門就能連線開會，真的相當方便；相對地，也更加嚴格地考驗每個人的聆聽態度。

「這個人感覺不錯喔。」

「啊，這傢伙一定人緣很差。」

一不小心，形象分數就這樣定型了。

從人際關係的角度來看，線上通訊軟體更講求聆聽力、參與心態，以及貼不貼心。

人人鍛鍊聆聽力、輕鬆上線討論的時代已經來臨。

百分百
博得好感的
聆聽技巧

32

善用「禁止否定」、「傾聽魔法」與「三倍反應」，打造最輕鬆的發話空間。

線上討論的三大重點

①禁止否定

很好耶！
真有趣！
好點子！

②傾聽魔法

☑1. 表情
☑2. 點頭
☑3. 姿勢
☑4. 微笑
☑5. 讚嘆
哇——!!!
很棒的主意♡

③三倍反應

哦哦哦
——!!!
那真是
太讚啦 !!!

↓

一定要露臉

↓

創造輕鬆發話的線上空間！

33 在職場和社群上受人尊敬的聆聽方式

能虛心請教後輩的前輩才受歡迎

我在撰寫本書的時候，看到了一個電視節目。

節目內容提到，現在導入「反向指導制」的企業增加了。

什麼是指導制？簡單來說，就是「向懂這塊領域的人請益」。

看到節目時，我內心出現的不是感動，而是訝異：「咦？想問就問啊，還需要特地導入政策嗎？」

我自己平時遇到不懂的問題，不管對方是員工，還是剛加入群組的新人，或是我的兒子，我都會直接跑去問。

但在早些年，上司若向下屬請益，似乎會變成：

「會失去主管的威信。」

「連這種事也不知道，會被瞧不起。」

因此，在上位者必須花大量時間進修，才能給人博學多聞的印象。

我認為大可不必如此。

既然對方知道答案，管他是下屬還是新進員工，問就對了。

在下位者被主管請教問題，也能提升自我信心，感覺自己被需要。

上對下的請益也表示了：歡迎你來這裡加入我們。

百分百
博得好感的
聆聽技巧

33

藉由請益，創造廣納眾人的空間。

如果你置身上司或前輩的立場，請多多向下屬及新人請益吧。現在的年輕世代很多都很優秀，保證令你耳目一新。

受下屬和後輩喜愛的聆聽方式

不肯請益的人……

不虛心發問，
會讓人失去
「說話」的幹勁。

願意請益的人……

藉由請益，
既能提升後輩的信心，
又能輔助案子進行。

34 有長輩緣的人善用的「和氣融融」聆聽法

做決定前，記得先請教長輩

人際關係是很細緻複雜的。

當然，每個人的感受方式不盡相同，但是「被排擠」的孤立感是很受傷的。

用職場或團體中常見的例子來舉例，就像是學弟妹或組織裡的新人擅自決定了一件事，沒有事先知會便自信滿滿地前來報告：

「報告！我覺得這樣很棒，所以就做了！」

這時候，上面的人聽了，通常臉色不會太好。

有下屬或後輩的人應該了解那種感受。

沒有幾個人會真心覺得：「你自己決定的啊？好聰明！」

儘管人們常說，職場和團體的結構已趨向平等，但實際上，從前的金字塔型結構仍根深蒂固地存在著。

也就是說，受到上司和前輩喜愛的人，工作升遷都會順利一點。

因此，即使會多幾道程序，但是當你決定一件事情時，還是應該向直屬主管或前輩報告一下進度、討論決策、聽取意見會比較好。

假如你和長官的意見發生碰撞，而你無論如何都想照自己的方式進行時，可以這樣報告一聲：

「謝謝您給了我這麼棒的建議，我想了很久，這次還是想用這個方案試

試看，可以嗎？以後也要請您多多給我意見。」

只要事先稟告一聲，大家就會知道你是一個明事理、值得信賴的後進，不會因為作風強硬而在公司樹敵，能使人際關係變得更加圓滑。

在職場上，聆聽力將是你最重要的人際潤滑劑。

百分百
博得好感的
聆聽技巧

34

先說一聲，別人就會很高興。

受長輩青睞的聆聽方法

不詢問意見的人……
報告部長，
我要用這個
設計提案！
其他都不行！
哦，是喔……
真會自
作主張！
沒人想幫他。
會詢問意見的人……
部長，
我想跟您
打個商量。
設計提案裡，
我覺得這個
比較好，
想詢問部長
您的意見。
的確有點
力道不足，
嗯……
嗯——
力道不夠
啊……
謝謝您！
不過多看
幾次後，
這樣似乎
也不賴。
大家都樂意幫忙。

35 體恤「越上面的人越孤獨」

老年人因為缺乏聆聽者而煩惱

「真不想變老啊。」

有沒有聽過老人家把這句話掛在嘴邊呢？

在我聽來，這句話像在說：「年紀越來越大，人就越來越孤獨啊。」

筋骨變得不靈活、活動範圍越來越小、身邊的朋友也漸漸不能動了，大夥兒再也不像從前那樣，常常熱熱鬧鬧地聚在一起。

老年人如此，組織裡的長輩也是如此。

年齡和地位增加後，人會從一線退下，和組織成員之間的交流也會減少。

所以，他們需要透過各種方式來排解孤單。

其中一條重要的管道就是：

「願意聽自己說話的年輕世代。」

你是否也認同呢？

一邊聆聽，一邊做筆記

事實上，當年齡和經驗逐漸累積後，長輩和大老闆們會產生一股莫大的需求。

那就是：

「經驗的傳承」；或稱作「自我複製需求」。

簡單來說：

「長輩會產生想要教人的欲望」。

容我再次搬出第二章介紹過的「傾聽魔法」。

因為篇幅的關係，我把魔法大致整理為五個，但其實「姿勢」裡還有一個能帶來好印象的部分我沒提到。

那就是：

養成「一邊聆聽，一邊做筆記」的好習慣。

只要一邊點頭一邊抄筆記，長輩看了多半很高興。

「哎唷，沒有重要到需要寫下來啦。」

他們會謙虛地說，然後一股腦地教你許多事，用上這一招的人保證不會吃虧。

做筆記時要注意的點

唯有一項禮儀必須注意，現在的智慧型手機都有筆記簿和行事曆功能，取代了手帳的功用，真的相當方便。

不過，如果你想用手機來抄筆記，最好先詢問對方：

「可以讓我做筆記嗎？」

少了這一句，有可能使人誤以為：「這小子是怎麼搞的？聽人說話還在玩手機？」

若能事先準備，聆聽長者分享經驗時，還是使用傳統筆記本或手帳來抄寫最保險。

百分百博得好感的聆聽技巧

35

積極聽長輩分享經驗，使未來事半功倍。

「願意聽我說話的人」是所有人心中的無上珍寶

我也有過一段高高低低、
驚濤駭浪的人生呢！
青山先生，我想聽，
願聞其詳！
心門

聆聽時「一邊做筆記」能贏得信賴

①使用筆記本或手帳

②盡量避免使用手機

③非用不可時記得說一聲

方便讓我用手機
做筆記嗎？

36 每個人都想「被看見」

表現欲增加的時代

IT科技的發達，使我們現在的生活比起從前更容易向全世界發出訊號。以部落格、YouTube、臉書為首的社群網路，讓我們能將自己的故事告訴全世界，並將這樣的習慣化作日常。

但是，在資訊基礎建設大躍進的同時，有一樣東西的需求增加了。

那樣東西就是：**每個人的自我表現欲。**

發訊平台增加後，人人都想「發表意見」。

透過社群網路，我們能輕易地串聯起世界上的每個人。

然而，實際上呢？

這麼做能消除人的孤獨感嗎？

為了在社群網路上討讚數，不少人超出自我能力範圍地「努力演戲」。

有人因為發出的交友邀請得不到回應而心煩。

儘管擁有大批追隨者，實際見過面的卻沒有幾個，其中也有人會這樣想：「我能在茫茫網路裡，找到真正的知己嗎？」

是的，擁有上述煩惱的人也增加了。

更別提從二〇二〇年起，還有新冠疫情來攪局。

在此之前，「活著」是一件理所當然的事情，如今卻有大量死亡人數出現在我們的面前。

「我真正想做的事情究竟是什麼？」

「我真正重視的對象究竟是誰？」

「有人會在我真的需要幫助時伸出援手嗎？」

這些思考讓我們開始重新尋找人生的價值。

人會下意識地尋找能夠放鬆的地方

聽說近年為了多照顧員工的心理健康，在公司內部增設心理諮商室的企業增加了。

但在不久以前，員工若在公司遇上煩惱，都是找主管商量居多。

如今，員工和主管的連結變少了，為了防範職權騷擾，職員之間的交流也慢慢降低。

取而代之地，企業越來越需要聘請專屬的心理諮商師。

除此之外，隨著遠端居家工作的普及，與人實際見面說話的基礎交流也不斷減少。

進公司的次數減少雖然帶來了自由，反過來說，也剝奪了員工之間的交流機會，容易造成溝通不良。

如同我再三強調的，「想要說話」是人類的本能。

人類的「說話需求」，並不會因為溝通場合減少而消失不見。

我們會下意識地尋找其他能夠說話的地方。

當然，「想要說話」的心情，無法藉由面壁自言自語獲得解決。

我們需要「聆聽的對象」。

也就是說，「聆聽者」的陪伴，是許多人重要的心理安全基地，這份需求只會增加，不會減少。

百分百
博得好感的
聆聽技巧

36

我們已經迎來了最需要「聆聽者」陪伴的時代。

大眾的「說話需求」不斷升高

沒錯，人就是想要說話的生物

聆聽者＝放鬆的地方

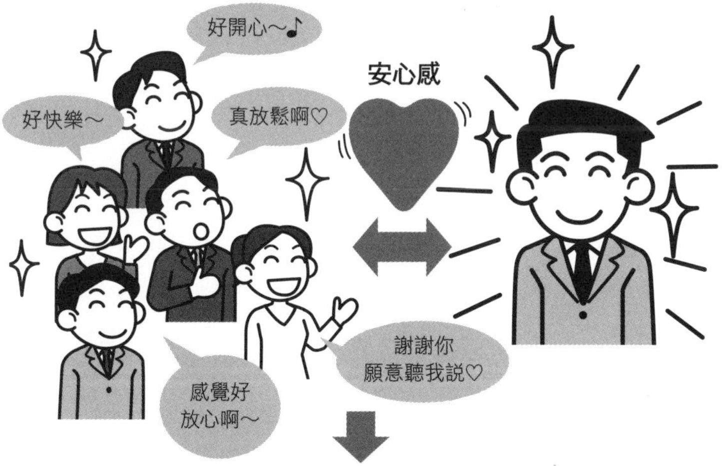

接下來的時代，「聆聽者」會更被需要。

37 從聆聽「身邊的人」和「重要的人」開始

不需要聆聽所有人說話

本書行筆至此，已經教你許多聆聽的方法了。

如果你能稍稍感受到「原來聆聽這麼重要啊」，那就太好了。

對於即將展開「聆聽新生活」的你，我還有一點要告訴你。

希望你能重新接收到這件事的重要性，並了解：「啊！原來先做到這個大前提就好！」

現在的我，透過書籍和演講認識了許多人，這份工作使我時時刻刻感受到世上的人們都是不同的個體。

這一次，我也用我的方式，傳達了我所設定的主題：「當一個聆聽者，提供安心感給別人吧」。

但是，我也擔心有些認真的讀者會心想：「好，從今天起，我要好好聽那些我不擅長應付的人講話！」一下子選了難度最高的人來挑戰，想藉此磨練聆聽技巧。

請不要這麼做。

你要做的不是挑戰，而是**從你身邊最重要、你發自內心覺得「我想好好聽他說話」的人開始練習**。

我希望你把「不分對象」這件事擺到後頭。

先從身邊最愛的人開始

世界上有百百種人，每個人都有不同的個性。

發話者也不是每一位都善解人意。

有一種人「只想找人傾吐」，他們不打算改善自己的缺點，只想拚命向你「倒垃圾」。

當然，如果是初次見面，或是彼此還不熟悉，你可能不了解他的性格，這時候只能聽了。

但是，假如那個人每次見面只會抱怨、吐苦水，這對傾聽的入門者來說，會消耗無謂的能量和時間。

我們必須堅守一定的界線。

不用把目標畫得太遠，先看看自己身邊。有時距離太近，反而容易成為盲點。

也許你身邊最重要的那些人，其實正默默地煩惱著。
也許他們正在努力發出訊號。
請優先關心這些人。

時間有限。
你想把重要的時間用在誰身上呢？
你應該聆聽、陪伴的對象是誰呢？

優先照顧他們是天經地義的。
你最重要的人是誰？以及，你自己想怎麼做？這些才是最要緊的，務必牢記在心。

百分百
博得好感的
聆聽技巧

37

請把自己的時間用在最愛的人身上。

38 哪怕只有一個人願意聽，也會有人「因此得救」

每個人都有自己的主張

世界上有形形色色的人。
遺憾的是，不是每個人都是幸福的。
有人沒有朋友，每天空虛度日。
有人不擅長人際，和職場及身邊的人處不來，只能孤軍奮戰。

有人看不見希望，從此足不出戶。
有人被流言蜚語中傷，受到孤立。
其中也有人因為孤單而做出反社會的行為。
當然，他可能有自己的原因。
如果可以選擇，沒有人想要獨自走險。
每個人都有屬於自己的主張和心情。

刑警的故事教會我重要的事

「人在孤獨的狀態下會判斷錯誤。」
在此，我想和你分享一個讓我學會這個道理的刑警故事。
這位刑警先生已經年滿退休，現在在當志工，聽社會底層的人訴說各種煩惱。

他還在前線當刑警時，常常來我的餐廳吃飯，和我聊各種話題，我們有時也會相約去喝酒。

「小哥，既然你有在寫書，我的經歷你或許派得上用場。」於是，他和我分享了許多故事。

他的話不多，態度謙虛又溫柔，乍看看不出是刑警。

每次我都抱著聽故事的心情赴約，但常常回過神來，變成我在侃侃而談。

這位刑警先生就是擁有一種奇妙的特質，讓人忍不住想說話。

「謝謝你願意了解我。」

「犯罪誕生的最大原因來自孤獨。」

刑警先生經常一邊喝酒，一邊這樣告訴我。

在他從事刑警的歲月裡，偵訊過不少犯人，其中一段話令他印象深刻：

「從小到大，沒有人願意了解我，刑警先生，你是我人生中遇到第一個願意了解我的人，要是能在其他地方早點認識你，也許現在我就不會坐在這裡了，謝謝你願意了解我。」

轉述完這段話以後，刑警先生接著對我說：

「人吶，處在孤獨的狀態下久了，就會失去正常的判斷力。任誰都一樣，只要覺得『自己是孤獨的』，沒有人能冷靜地思考事理，所以才會犯下一般人不會幹的事情。」

確實如他所說。

自從聽了刑警先生的話，我產生了如下的思考：

「即使不到犯罪這麼嚴重，那些孤單、寂寞的人，往往會以某種形式，給周圍的人帶來麻煩、說些討人厭的話來刺傷別人。

但是，假使能有一個人，即時接住他們的心情，也許情況會有所不同。

因此，我希望有更多人願意透過聆聽來進行陪伴。」

願意聽自己說話的人，宛如從黑暗的井口射入的一道光，為陷在井底的人指出出口在哪裡。

感謝至今願意聽你說話的人

請回顧自己的人生。

我想，任誰都曾有過痛苦難熬、受到不公平的待遇、感受到孤獨的時刻。

在那段時期，是否有人站在你這邊、聽你說話呢？

我有想到幾個人。

在困頓的當下，我還無法思考這件事為我帶來的意義，如今回想起來，我對當時願意聽我傾訴的人，只有滿滿的感謝。

當人感到痛苦、難受時，只要有一個人願意傾聽，安心感就會油然而生。

我們也能因此繼續前進。

聽人說話。

乍聽之下，這件事似乎顯得呆板無趣。
但是，對方得到的安心感，是超乎想像的大禮。
只要有一個人願意聽，便能帶來救贖。
這一次，換你當給予者，把安心感送出去。
一定有人正等著你來傾聽。

百分百
博得好感的
聆聽技巧

38

磨練聆聽技巧，成為照亮孤獨者的一道光。

結語
金句和良緣創造美好人生

距離《共感對話》出版兩年，很高興能在日本時間的二〇二一年底再次推出姊妹作《1分鐘讓人敞開心房，100%博得好感的聆聽對話術》。

事實上，本書提及的關於聆聽的想法，早在我撰寫前書《共感對話》時便在腦中成形。已經讀過《共感對話》的人應該知道，那雖然是一本「說話書」，我卻在開頭第一章寫到「說話技巧九成靠聆聽」，整本書便是從「聆聽」開始。

就在我差點一不小心，把《共感對話》的內容全寫成「聆聽」時，我在

SUBARU舍的責任編輯——上江洲主編急忙提醒：「永松先生啊，聆聽確實很重要，但這本書的主題是『說話』，聆聽等下次再寫吧。」多虧於此，《共感對話》才能問世。

隨後，在二〇二一年的夏天，上江洲主編再次邀約：「永松先生，時機成熟了，來出聆聽書吧！」於是才有了各位現在看到的這本書。

在對話互動裡，「聆聽」扮演了非常重要的角色，我很高興能把一直想寫的「聆聽書」寫完，至此才終於感覺《共感對話》完成了。

我從章魚燒小販起家，後來開了餐廳，接著又出了書，跨足到出版業，人生的守備位置完全不一樣了，從這當中，我真真切切地感受到一件事，那就是：

「人生是由話語創造的。」

就是這一句。

二〇一六年，我為了專心出書，忐忑不安地從九州來到東京。當時，我所尊敬的馬口鐵玩具博物館館長、在電視節目《開運鑑定團》很有名的北原照久先生這樣告訴我：

「小茂，記住一件事，『身體是吃下的食物做成的；心是聽到的話語做成的；未來是說出口的話語做成的』，所以啊，人會遇見誰、聽見哪些話、說出哪些話，是非常重要的喲。」

北原先生的一席話，對當時決定在寫作上奮力一搏、還不曉得未來會怎樣的我來說，有如一盞耀眼的明燈，指引我前進。

遇見什麼人、聽見什麼事、說出什麼話，真的會大幅改變人生的方向。透過這次的出書，我深深體悟到北原先生的話絲毫不假。

為我出版《共感對話》和《1分鐘讓人敞開心房，100%博得好感的聆聽對話術》的SUBARU舍亦在二〇二一年的夏天，替我出了一本我與母親的主題散文《成為讓別人快樂的人：母親留給我唯一重要的東西》（台灣由圓神出版）。

母親已於二〇一六年五月過世，她最後留給我的話語當中，有這樣一句話：「你一定能成為日本第一。」這句話成為我決定出書的契機，並下定決心要做到日本第一。

老實說，當時我完全不知該如何實現這份夢想，但大概是這句話在冥冥之中引導我，很幸運地，我在二〇二一年獲得日本年度書籍排行冠軍（日販提供）；於商業書的類別，更從二〇二〇年到二〇二一年、連續兩年排行第一，得到耀眼的殊榮。有這麼多讀者願意讀我的書，我在深深感謝的同時，也不禁正襟危坐。

談到話語的力量，我還有另一層深切的體悟，那就是：

「奇蹟是從一份小小的心意開始的。」

就是這句話。

二〇二一年，當《共感對話》傳來「書市上半年度排行第一」的捷報後，SUBARU舍的創辦人——八谷智範會長亦於六月五日過世，走時才六十九歲。

給在天國的八谷會長：

您秉持著「做出讓讀者興奮的書」的信念，獨自一人創立了SUBARU舍，距今已過三十三年，您的心意已響遍日本全國，二〇二〇年、二〇二一年，SUBARU舍成為日本第一的出版社了，您重要的寶藏——SUBARU舍的大家各個開朗有朝氣，以社長為首，每天熱烈地討論書本的未來。他們是優秀的團隊，這支厲害的隊伍，今後也會繼續推出更多令人興奮的好書，還請您在天國溫暖地關照。誠心感謝您創立了這麼棒的出版社。

給SUBARU舍的德留慶太郎社長、親自擔任我的責任編輯的上江洲安成主編，以及行銷部的副部長原口大輔先生：

德留社長、上江洲先生、原口先生，這次也要謝謝你們多次來訪，溫暖地鼓勵我。繼《共感對話》、《成為讓別人快樂的人》之後，很高興我們又一起做了第三本書，以後我們也要繼承八谷會長的遺志，繼續製作「讓讀者興奮的好書」喔，能和這麼棒的出版團隊合作，是我的驕傲。

給SUBARU舍行銷業務團隊：

和各位一起去書店打招呼時，我很訝異「你們竟然要走這麼多地方宣傳打書」，有許多讀者告訴我「我是在某某書店看到這本書的」，這全是行銷業務部的大家一步一腳印走出來的功勞，各位給自己的定位「把自家的好書送到更多讀者手上」，每次都讓我獲益良多，未來也要請各位繼續多多幫忙。

以下雖然省略了不少話，但我仍要感謝「人才培育JAPAN株式會社」的全體員工給予支持，以及所有參與本書製作的貴人們。

我家的幸運犬——貴賓狗「小虎」、「櫻花」、「小雛」、「桃子」和「小丸」，這次也乖乖地在幕後為我加油，謝謝你們陪伴我孤獨的寫作時光。

最後要感謝拿起本書的各位：

現在仍有許多有志青年，堅信著「用書本的力量為日本帶來活力」的理念，在全國各地展開出版活動，身為一位書籍作者，我能做的就是：

「一點點也好，我想稍稍抬高一本書的價值。」

我和「九成聆聽出版計畫小組」的成員討論之後，決定這次要送上「錄音贈品」。本書的內容裡特別重要的部分，以及書中沒寫到的書籍幕後花絮，還有編輯的真實心聲，全都收錄在贈品當中，請務必收聽。在實體書裡不得不割愛捨棄的部分，我也放在PDF上，有機會記得看看喔。（限日本版）

祝您順利收集到「謝謝你願意聽我說」這句話。

不要小看自己的聆聽力，這份力量可以撫慰人心，為身邊的人們帶來幸福。

最後也要預祝您幸福快樂。

我目前正在新成立的麻布出版工作室，準備迎接新的未來。

再次謝謝您！

永松茂久

ideaman 154

1分鐘讓人敞開心房，100%博得好感的聆聽對話術

原著書名——人は聞き方が9割
原出版社——株式会社すばる舍
作者——永松茂久

譯者——韓宛庭
企劃選書——劉枚瑛
責任編輯——劉枚瑛
版權——吳亭儀、江欣瑜、林易萱
行銷業務——周佑潔、賴玉嵐、賴正祐

總編輯——何宜珍
總經理——彭之琬
事業群總經理——黃淑貞
發行人——何飛鵬
法律顧問——元禾法律事務所 王子文律師
出版——商周出版
台北市104中山區民生東路二段141號9樓
電話：(02) 2500-7008 傳真：(02) 2500-7759
E-mail：bwp.service@cite.com.tw
Blog：http://bwp25007008.pixnet.net./blog
發行——英屬蓋曼群島商家庭傳媒股份有限公司城邦分公司
台北市104中山區民生東路二段141號2樓
書虫客服專線：(02) 2500-7718、(02) 2500-7719
服務時間：週一至週五上午09:30-12:00；下午13:30-17:00
24小時傳真專線：(02) 2500-1990；(02) 2500-1991
劃撥帳號：19863813 戶名：書虫股份有限公司
讀者服務信箱：service@readingclub.com.tw
城邦讀書花園：www.cite.com.tw
香港發行所——城邦（香港）出版集團有限公司
香港灣仔駱克道193號超商業中心1樓
電話：(852) 25086231傳真：(852) 25789337
E-mailL：hkcite@biznetvigator.com
馬新發行所——城邦（馬新）出版集團【Cité (M) Sdn. Bhd】
41, Jalan Radin Anum, Bandar Baru Sri Petaling,
57000 Kuala Lumpur, Malaysia.
電話：(603) 90563833 傳真：(603) 90576622
E-mail：services@cite.my

美術設計——copy
印刷——卡樂彩色製版有限公司
經銷商——聯合發行股份有限公司 電話：(02)2917-8022 傳真：(02)2911-0053

2023年（民112）7月6日初版
定價360元 Printed in Taiwan
城邦讀書花園 www.cite.com.tw
ISBN 978-626-318-628-6
ISBN 978-626-318-703-0 (EPUB)

國家圖書館出版品預行編目(CIP)資料

1分鐘讓人敞開心房，100%博得好感的聆聽對話術 / 永松茂久著；韓宛庭譯. -- 初版. -- 臺北市：商周出版：英屬蓋曼群島商家庭傳媒股份有限公司城邦分公司發行, 民112.07 240面；14.8×21公分. --（ideaman；154）譯自：人は聞き方が9割 ISBN 978-626-318-628-6（平裝）
1. CST：人際傳播 2. CST：溝通技巧 3. CST：生活指導 177.1 112003183

廣	告	回	函
北區郵政管理登記證			
台北廣字第000791號			
郵資已付，免貼郵票			

104台北市民生東路二段 141 號 B1

英屬蓋曼群島商家庭傳媒股份有限公司

城邦分公司

請沿虛線對摺，謝謝！

書號：BI7154　**書名**：1分鐘讓人敞開心房，100%博得好感的聆聽對話術　**編碼**：

請於此處用膠水黏貼

商周出版

讀者回函卡

線上版讀者回函卡

感謝您購買我們出版的書籍！請費心填寫此回函卡，我們將不定期寄上城邦集團最新的出版訊息。

姓名：＿＿＿＿＿＿＿＿＿＿ 性別：☐男 ☐女

生日：西元＿＿＿＿年＿＿＿＿月＿＿＿＿日

地址：＿＿＿＿＿＿＿＿＿＿

聯絡電話：＿＿＿＿＿＿＿＿ 傳真：＿＿＿＿＿＿＿＿

E-mail：

學歷：☐ 1. 小學 ☐ 2. 國中 ☐ 3. 高中 ☐ 4. 大學 ☐ 5. 研究所以上

職業：☐ 1. 學生 ☐ 2. 軍公教 ☐ 3. 服務 ☐ 4. 金融 ☐ 5. 製造 ☐ 6. 資訊
☐ 7. 傳播 ☐ 8. 自由業 ☐ 9. 農漁牧 ☐ 10. 家管 ☐ 11. 退休
☐ 12. 其他＿＿＿＿＿＿＿＿

您從何種方式得知本書消息？

☐ 1. 書店 ☐ 2. 網路 ☐ 3. 報紙 ☐ 4. 雜誌 ☐ 5. 廣播 ☐ 6. 電視
☐ 7. 親友推薦 ☐ 8. 其他＿＿＿＿＿＿＿＿

您通常以何種方式購書？

☐ 1. 書店 ☐ 2. 網路 ☐ 3. 傳真訂購 ☐ 4. 郵局劃撥 ☐ 5. 其他＿＿＿

您喜歡閱讀那些類別的書籍？

☐ 1. 財經商業 ☐ 2. 自然科學 ☐ 3. 歷史 ☐ 4. 法律 ☐ 5. 文學
☐ 6. 休閒旅遊 ☐ 7. 小說 ☐ 8. 人物傳記 ☐ 9. 生活、勵志 ☐ 10. 其他

對我們的建議：＿＿＿＿＿＿＿＿＿＿

＿＿＿＿＿＿＿＿＿＿

＿＿＿＿＿＿＿＿＿＿

請於此處用膠水黏貼